JN410770

그물

그물

이순금 수필집

북나비

다시 출발의 지점에 서서

어린 시절, 시골에서 자란 나는 자연과 어우러져서 성장하였습니다. 농촌의 사계절을 잊지 못하며 씨를 뿌리고 거두던 가족들과의 추억도 오롯이 남아있습니다. 그래서 내 글의 근원을 살피기란 어렵지 않습니다.

늦은 나이에 문학의 길로 발을 딛은 내 걸음은 새로 내린 눈위를 걷는 듯 조심스러웠습니다. 살아온 시간 속에서 내가 붙잡아 놓은 단상들이 한편의 글로 모아질 때 두렵기도 했으며, 책으로 엮어서 세상으로 내보내자 했을 때는 더욱 그랬습니다. 하지만 용기를 냅니다.

봄날, 개천가에 머리를 내미는 새싹들은 스스로 인고하며 여름을 견뎌내고 가을에 다시 씨를 퍼트립니다. 나는 삶의 한 바퀴

를 돌아 다시 출발하는 지점에 서 있습니다. 강인한 들풀들의 속성에서 무언가를 배우며 제2의 인생을 그리고자 합니다.

첫 수필집 《그물》이 나오기까지 도와주신 모든 분께 깊이 감사를 드리며, 바쁘신 중에 서평을 써주신 김선화 선생께 감사를 드립니다. 또 옆에서 묵묵히 지켜봐 준 가족들에게 고마움을 전합니다.

2014년 3월
봄이 시작되는 날

차례

I. 개구리들의 신방

2. 바람골 겨울나무

3. 금어金魚 용해당

4. 물의 노래

5. 상사화

1.

개구리들의 신방

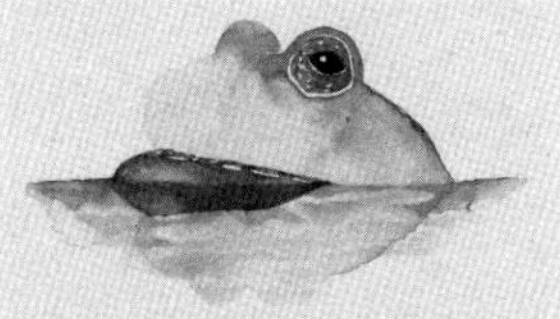

햇살이 따스하고 바람이 자는 날에 불린 볍씨를 못자리판에 골고루 뿌린다. 그리고 뿌리와 싹이 균형을 맞춰 자랄 수 있도록 물의 높이를 조절해 줘야 한다. 하루에도 몇 번씩 문안하며 정성을 바쳐야 한해 벼농사의 시작이 순조롭게 된다. 맑은 물속에 흩어진 노란 씨앗들은 농부에겐 한 해의 희망이다. 볍씨가 싹이 트고 물 위로 목을 내밀면 못자리판은 연두색이 아른거린다.

개구리들의 신방

농부의 봄은 마음이 먼저 논밭으로 달려나간다. 땅이 풀려 밭을 갈고 씨앗을 뿌리기까지는 춘분을 지나 청명과 곡우가 돼야 하는데, 물론 노지 재배를 하던 때의 얘기다. 내 어릴 적 어머니는 입춘이면 봄을 기다리며 논밭을 바라보고, 우수 경칩이 되면 혹시라도 푸른 싹이 어디 숨어있지 않을까 기대하며 들을 살폈다.

해마다 이 무렵이면 제일 먼저 큰 항아리에 물을 채우고 볍씨를 담가놓는다. 그런 뒤 논에 거름을 펴고 갈아엎은 후에, 물길이 좋고 볕이 잘 들며 흙이 고운 배미 중에서도 명당을 골라 못자리판을 만들었다. 두둑을 넓적하고 약간 높이 한 뒤에 쇠스랑으로 흙을 곱게 고르고, 그래도 안심이 안 되면 열 손가락으로 한 번 더 흙덩이를 곱게 부순다. 못자리 배미는 사방을 돌아가며 얕은 둑이 되게끔 진흙으로 쌓아 두었다. 필요에 의해서 물을 대기도 하고 빼기도 해야 하기 때문이다. 그리고 두둑이 잠길 만큼 물을 가두고 흙탕물이 가라앉길 기다린다.

햇살이 따스하고 바람이 자는 날에 불린 볍씨를 못자리판에 골고루 뿌린다. 그리고 뿌리와 싹이 균형을 맞춰 자랄 수 있도록 물의 높이를 조절해 줘야 한다. 하루에도 몇 번씩 문안하며 정성을 바쳐야 한해 벼농사의 시작이 순조롭게 된다. 맑은 물속에 흩어진 노란 씨앗들은 농부에겐 한 해의 희망이다. 볍씨가 싹이 트고 물 위로 목을 내밀면 못자리판은 연두색이 아른거린다. 이때 농부는 한시름 놓게 된다.

그해 봄에는 비가 오지 않아 모두가 애를 태웠다. 전답이 말라서 작물 파종도 제때에 하지 못하고 겨우 물을 대서 못자리만 끝내고 전전긍긍하며 하루하루를 보내고 있었다. 작은 물웅덩이에 밤새 물이 차오르면 아침부터 어머니와 오빠는 맞두레를 잡고 물을 퍼 올렸다. 그래야만 소중한 못자리 논에 물을 댈 수가 있었다. 마른논에 물들어가는 소리가 어떤 것인지, 농부는 왜 거기서 행복을 느끼는 것인지 그 마음을 알 수 있었다. 수로가 닿지 않는 다랑논은 하늘의 비만 기다렸다.

마침내 그날은 아침부터 하늘이 흐리더니 오후엔 빗방울이

대지를 적실 만큼 조용히 내렸다. 논둑에 축 늘어졌던 풀들도 기운을 차리기 시작했다. 단비를 만난 초저녁의 풍경은 제법 싱그러워졌다. 간혹 들리기 시작하던 개구리 울음소리가 밤이 깊어갈수록 점점 크게 어우러졌다. 녀석들도 목을 축이며 비맞이 축제를 여는 것 같았다. 말라가는 흙을 피해 몸을 숨겼다가 촉촉해진 대지의 고마움을 그냥 지나치지 못하고 저리 목청을 돋우는 거라고 생각했다. 아무튼 내일은 평화스러울 것만 같은 밤이 흘렀다.

동이 트자마자 어머니는 논으로 나가셨다. 다랑이마다 물꼬 단속을 하고 한 배미라도 더 물을 가두려고 분주했다. 햇살이 엷게 비치자 이웃사람들의 모습도 같이 바쁘게 움직였다. 물을 머금은 다랑논들은 밤사이 푸릇푸릇 물풀들을 살려내어 품고 있었다. 그런데 어머니는 낮은 쪽에 있는 못자리 논에서 큰 소리로 사람들을 불렀다. 나도 부리나케 뛰어갔다. 어제까지 연둣빛이 아른거리던 못자리판은 엉망이 되어 있었다. 죽~ 죽~ 사방으로 밀고 다닌 자국에다 볍씨는 뿌리가 내리기도 전에 부초의 신세가 되어 물 위로 둥둥 떠다녔다. 밤사이 무슨 일이 있었는지 아직도 흙탕물이 덜 가라앉았다. 사람마다 범인을 추리하며 말을 하고 있었다.

"이집 못자리가 싹도 잘 트고 농사가 잘 되니까 누가 샘을 부렸나봐유….”

상상의 비약이 절정에 이를 때 나는 흙탕물 속에서 반짝이며 움직이는 눈망울을 보았다. 그리고 그 옆에, 또 옆에 두 눈을 끔벅이며 몸을 꿈틀대는 놈들이 있었다. 자세히 살펴보니 등위에 올라 앉아 짝짓기를 하기도 하고 물속에 몸을 숨긴 채 망을 보기도 했다. 온 동네 개구리들이 이곳에 모여 밤을 새워 짝을 부르고 사랑의 춤을 추고 놀다가, 아침 해가 뜨자 잠시 물속에서 쉬는 듯 했다. 밤새 평화롭게 불러대던 그 ‘개굴가’의 무대가 우리 집 못자리판이라니 기가 막혔다. 어머니는 한참 동안이나 말을 잊은 채 망연해 하였다. 그리고 체념한 듯 한마디 뱉으셨다.

“참, 고놈들도 풍수쟁이를 따라다녔나 벼. 워~찌 명당자리는 알아가지고서 내 논에까지 와 신방을 차리고 지랄들여! 올핸 새끼는 원 없이 치것구먼. 니들도 어젯밤에 지은 죄가 있으니 똥은 반드시 내 논에 와서 싸거라. 알것냐?”

하고는 논둑에 힘없이 주저앉았다. 그해 논농사는, 모자라는 모를 이집 저집 동냥을 해다 심었다. 그래도 개구리들이 찾아와서 거름을 주었는지 병충해 없이 쏠쏠히 잘 여물었다. 어머니는 제일 잘 여문 배미를 골라 다시 볍씨를 받았다. 탈곡할 때 호롱기를 쓰지 않고, 홀테에 수작업을 한 뒤 정성껏 키로

까불러서 실한 것들만 골라 통풍이 좋은 곳에 보관했다.

그곳의 사계절은 어김없이 돌아갔다. 가을걷이가 끝난 골짜기의 다랑논에는 물이 얼어 빙판이 되고 아이들은 거기서 썰매를 탔다. 그 논둑 밑으로는 아기주먹만 한 구멍이 있었다. 반질반질 길이 나 있는 것으로 보아 가으내 양식을 물어다 쌓은 서생원의 집이다. 지난봄 한바탕 소동을 벌인 개구리들은 모두들 동면에 들어 시침을 뚝 떼고 있다. 그 많던 메뚜기도, 우렁이도, 방개도, 골칫거리 잡초들도….

농부는 잘 알고 있다. 봄은 또 오고 수많은 생명과 늘 함께할 것을.

(2012. 2.)

녹색의 합창

지난봄에 삶아 얼려 놓은 쑥을 녹여서 물을 조금 붓고 믹서에 곱게 갈았다. 가장 쉬운 방법으로 쑥개떡을 만들어 볼 참이다. 쌀은 불려 방앗간에서 빻아왔다.

큰 양푼에 간 쑥을 붓고 그 위에 얼개미로 쌀가루를 술술 쳐서 내려놓았다. 덩어리가 뭉치지 않게 하기 위해서다. 필요한 것들을 양푼 옆에 바짝 모아놓고 편한 자세로 앉아 수북이 쌓인 흰 가루를 무심코 손으로 툭 건드려 본다. 그러자 온 천지가 눈에 덮였다. 일순 풀 한 포기 나무 한 그루 보이지 않는 하얀 세상이다. 높은 곳은 산이 되고 낮은 곳은 들이 되었다. 생명체라고는 찾을 수 없는 태초의 신비가 서려 있다. 아무도 손대지 않은 하얀 빙하기가 존재한다. 한 번 더 손을 대고 휙 저어본다. 좀 전보다 더 많은 산이 생겨났다.

물주전자를 들고 산꼭대기에다 줄줄 부어본다. 물은 골짜기를 타고 흘러내려 시내가 되고 강이 되고 낮은 곳으로 모여 바다가 되려 한다. 아직 추운 빙하의 시대가 계속되고 있다. 물이 지나간 자리는 금방 얼어붙는 듯 흐름을 방해하고 있다. 바라보는 체감 온도는 영하 50도쯤 되어 보인다. 나는 제일 높은 설산 속으로 오른손을 푹 넣었다. 손이 금방 얼어버릴 것 같은 두려움이 스친다. 허나 손끝에 잡히는 동토의 속살은 말캉하고 부드러웠다. 한 움큼을 쥐고 잡아당겨서 바라본다. 녹색이다. 그 속에 생명이 숨어 있다.

하얀 설원에 생명의 색을 골고루 뿌려본다. 풀과 나무들은 살기 좋은 평지를 골라 자리를 잡아주기도 하고 백두산 꼭대기에 낙락장송을 심어 보기도 한다. 아름다운 알프스의 푸름도 만들어 보고, 남극의 하얀 빙산들은 그냥 두어보기도 한다. 제일 높은 설산의 봉우리를 주먹으로 꾹 눌러서 호수를 만들고 녹색의 물을 채워본다. 아무도 본 적 없는 설산의 짙푸른 호수를 나 홀로 바라보고 있다. 눈이 부시고 코끝이 시려 온다. 서서히 얼어붙었던 지구가 푸른 봄을 맞고 있다. 아직은 곳곳에 만년설이 남아 있지만 오래잖아 푸르러질 것이다.

나는 다시 열 손가락으로 중앙의 대륙을 뒤집어본다. 두 손을 부지런히 움직이며 힘을 가한다. 지금 나는 지구를 주무르고 있다. 설산도, 푸른 평원도, 오대양 육대주가 내 손아귀에 들었다. 빙하의 얼음을 녹여내어 녹색의 덩어리를 만들고 있다. 전체가 고루고루 섞이는 행복한 녹색의 세상을 꿈꾸며. 빈부와 인종의 대립과 재난의 각기 다른 색깔들을 한데 버무려서 오직 녹색으로 만들려 한다. 딱딱하게 뭉치지 않고 얼룩얼룩 소외된 곳 없이 정성을 다해 주무르고 있다. 지구에 물이 모자라도 흠이요, 넘쳐도 흠인 것처럼 물 관리를 적당히 해가면서…. 마침내 둥근 모습의 큰 덩어리가 만들어졌다.

동글납작하게 만든 쑥개떡을 찜솥에 넣고 김을 올린다. 투명한 뚜껑을 통해 익어가는 과정을 들여다본다. 서먹서먹하게 모여서 녹색이라는 합일을 어렵게 이룬 재료들이 열을 가하자 점점 끈기 있게 뭉치고 있다. 감내堪耐의 시간이 흘러간다. 함께 힘을 모아야 새롭게 변할 수 있음을 터득하고 있는 듯하다.

뜸을 푹 들이고 나서 뚜껑을 연다. 뜨거운 안개가 걷히자 진녹색의 하모니가 터져 나온다. 내가 걱정했던 것들은 이미 사라져 버렸다. 거기엔 어떤 차별이나 이색은 존재하지 않는다. 오직 하나가 되어 녹색의 찬가를 부를 뿐이다.

(2012. 1.)

필례 계곡

바위도 땀을 흘린다는 복중이다. 너나 할 것 없이 태양의 이글거리는 질투를 피해 하나둘 도시를 탈출한다. 동해는 너울거리는 파도의 춤을 보는 것만으로도 가슴이 트이고 설악에 들면 계곡의 맑은 물소리가 몸과 마음의 막힌 혈을 풀어준다.

차는 홍천을 지나 인제를 거쳐서 한계령을 넘는다. 고개를 넘기 전까지의 산은 막 세수를 끝낸 아이의 얼굴처럼 맑고 산뜻하다. 한계령을 넘어서자 앞이 흐려져 차는 엉금엉금 기어간다. 골짜기에 아득히 서려 있는 운무는 산바람에 희끗희끗 밀려서 마지못해 길을 비켜준다.

필례 계곡은 점봉산에서 발원하는 물줄기다. 바라보는 것만으로도 눈이 맑아지고 귀가 뚫린다. 이 계곡엔 약수가 있다. 인제읍 귀둔리에 있는 필례 약수터에는 돌멩이로 앞 터진 입구 자 모양의 벽을 쌓고 작은 지붕을 얹었다. 그 안에 돌을 둥글게 파낸 약샘이 조용조용 흘러나온다. 약샘의 바닥은 붉은색으로 젖어있다. 긴 세월 많은 이에게 약수를 베푸느라 자기 가슴이 발갛게 물드는 것도 알아채지 못한 듯하다. 물을 한 바가지 떠서 마셔본다. 탄산과 철분의 어우러진 맛이 순하게 느껴졌다. 한 바가지를 더 떠서 음미한다.

필례라는 이름은 베를 짜는 여인 필녀에서 유래되었다고 한다. 한편으론 이곳 주변 지형이 필녀를 닮은 데서 온 것이라고도 한다. 옆을 보니 돌무더기들이 각자의 기원을 담아 층층이 쌓여있다. 포장된 숲길을 따라 조금 걸으니 입구에서 보이지 않던 산장이 숨어있다. 그곳에서 바라보니 약수터도 그렇게 숨어 있었다.

옛날에는 약수를 아주 신성시했다고 한다. 물을 뜨러 갈 때는 목욕재계를 했고 부정한 사람은 근처에 얼씬도 못 했단다. 행여 약수의 양이 줄어들면 주변 사람들이 모여 용왕제를 올렸다고도 한다. 약수가 있는 곳은 대개 돌로 싸여 있다. 그 사이로 물이 흐른다. 물론 주변의 풍광도 아름답다. 산 깊은 곳, 숲이 우거지고 청정한 곳에 이런 보배가 숨어있다. 자신을 드러내지 않고, 찾아오는 이들에게만 소중한 것을 나눠 준다. 이곳은 사람들에게 약이 되고 위안이 되고 몸을 쉬어가게 하는 넉넉한 품이 된다.

이 계곡에 흐르는 물은 깊은 골짜기에서 흘러나오는 동화 속의 생명수처럼 느껴진다. 먹으면 젊어지는 샘물도 있고 씻으면 눈이 밝아지고 피부병이 낫는 약수도 있다. 높은 산의 바위 꼭대기에서 솟아나는 귀한 물도 있고 천 길 지하 세계에도 청정한 샘이 흐른다고 한다. 물줄기가 쿨룩쿨룩 기침하는 간헐천도 있고, 졸졸 흐르는 석간수도 있다. 이 계곡에 흐르는 물은 왠지 그 모든 영험을 다 안고 흐르는 듯하다. 성스러운 느낌을 피할 수가 없다.

계곡의 물은 산 위쪽으로 갈수록 맑아진다. 자연 그대로의 물. 이끼가 돌을 덮고, 주변 바위엔 물보라 그치지 않아 푸른 옷을 껴입고 사는 곳. 봄이면 산배꽃이 물 위를 수놓고 가을이면 붉은 단풍잎이 멈칫멈칫 노를 젓는 곳. 여름이면 개복숭아 나무가 열매 다복한 가지 하나 유수流水에 던져놓고, 구름도 불러보고 바람도 붙잡는 곳. 겨울 오면 석경石鏡처럼 오장육부 내놓고서 천지간에 고해성사할 것 없다고 외치는 곳. 이런 계곡을 찾아와서 나는 지금 꿈을 꾸듯 말을 걸고 있다.

다시 물줄기를 옆에 끼고 시원한 길을 내려온다. 나는 영락없는 산골사람인가 보다. 어렸을 때 기억이 떠오른다. 단발머리 중학생 시절에 도화지에 연필로 몰두해서 무엇을 그린 적이 있었다. 내가 미래에 꿈꾸는 집이었다. 푸른 솔밭의 맑은 물이 흐르는 평평한 곳에 입구口 자 모양의 기와집을 그렸다. 그리고 각 방향에 봄, 여름, 가을, 겨울의 정원을 그렸다. 나지막한 툇마루를 다 돌려서 짜 넣고 사방으로 출입문을 두었다. 마지막엔 낮은 담장을 두르고 기와를 위에 얹었다. 이 그림은 인도 가비라국의 실달태자의 <사시전四時殿>을 상상하며 축소해서 그린 것이었다.

그런데 지금껏 살아오면서 그와 흡사한 장소를 만나지 못했고 그런 집을 마련하지도 못했다. 필례 약수를 뒤로 하고 내려오는 길에 무심코 주변을 둘러보다가 낯익은 풍경에 흠칫했다. 잠시 후에 그 이유를 알아냈다. 자연은 흡사한데 건물이 다르고 정원이 달랐다. 이건 나만의 비밀이었고 내 어릴 적 꿈의 편린片鱗이었다. 이 계곡의 물이 한번 흘러가면 다시 돌아오지 못하듯이 내 어릴 적의 꿈도 물처럼 흘러가버렸다. 나는 이곳에 보이지 않게 평생 감추어 뒀던 투명한 꿈의 조각을 살그머니 내려놓고 일어섰다.

필례 계곡의 주변 풍경은 사람이 갖는 자연에 대한 미래의 걱정을 잊게 해준다. 줄기가 붉은 금강송과 아름드리 상수리나무 하며 치솟은 전나무들은 맑은 골짜기를 보호하는 호위병들 같다. 가까이는 천연스레 흐르는 계곡의 물과, 하늘을 향해 뻗은 나무들이 그러하다. 고개 들어 바라보는 설악의 푸른 봉우리들도 언제까지나 그렇게 찾아오는 사람들 곁에 있어줄 것이다.

(2010. 8.)

그대에게 부치는 편지

—서산 마애 삼존불을 친견하고

그대를 바라보고 있습니다. 긴 세월을 돌아와 오늘 그대 앞에 섰습니다. 운산면 용현리 강댕이골 개울을 건너 돌계단을 올라와서 이렇게 서 있습니다. 그대는 내가 오늘 올 것을 알고 있었겠지요. 그래서 바람을 불러 옷의 먼지도 털어내고 나무그늘을 시켜 얼굴의 묶은 때도 씻어 냈겠지요. 산새의 고운 노래를 듣고 만면에 온화한 미소를 많이 연습하셨군요. 그대를 오래 바라보고 있으면 나도 그대가 됩니다. 먼 이국땅 서역에서 태어난 그대가 오늘 이 산골짜기에 이렇게 서 있습니다. 왜 여기까지 왔냐고 묻고 싶진 않습니다.

내가 그대를 만난 것은 그대가 오랫동안 나를 기다렸기 때문이지요. 젊은 날에 입었던 고국의 옷들을 미련 없이 훌훌 벗어던지고 백제 나라의 옷고름 달린 저고리를 입었네요. 빳빳한

무명 옷고름을 가슴에 질끈 동여매고서 또 예를 갖추고자 그 위에 덧옷을 입으셨네요. 수레바퀴만 한 연꽃 송이를 엎어놓은 듯한 복련대좌에 올라서시어 몸의 균형을 잘 잡으셨네요. 가지런한 다섯 발가락은 강댕이골 개울물에 늘 씻은 듯 뽀얗고 정갈합니다.

그대는 욕심이 없는 듯 많으시네요. 원만하게 보이는 동그스름한 얼굴, 통통한 팔과 다리, 균형 잡힌 몸매 하며 평생토록 거친 일 한 번 안해 본 듯한 매끈한 열 손가락. 하늘과 땅을 가리키는 알기 힘든 수인까지 자유로운 그대는, 사바를 환히 밝히는 광배를 달고 이 산골짜기에 빛을 뿜어내는구려. 언젠가 책에서 본 적 있는 그대의 서른두 가지 좋은 상호를 지금 찬찬히 확인하고 있습니다.

빙그레 웃고 있는 입을 여시면 제일 먼저 무슨 말씀을 하시렵니까. 내 맘 속에 깊이 뿌리내린 삼독三毒을 풀 수 있는 향기로운 해독제를 그대 입술에서 미소에서 찾아봅니다. 그대의 빛나는 광배 속에는 황금빛의 불길이 치성하네요. 훨훨 타오르되 청량한 불꽃. 그 속에 삼불三佛이 정중히 앉아 계셔도 털끝 하나 데이지 않고 여전하시군요.

산 깊은 곳에 혼자 살기 외로워서 그댄 과거와 미래의 동지를 불렀습니까. 생각이 같고 행동이 같고 하나같이 따뜻한 미소삼매를 아는 삼세의 동지 말입니다. 현재의 그대가 있기까지 오른쪽의 동지는 씨를 뿌리고 가꾸어 주었습니다. 그대는 왼쪽의 동지를 위해 또 그렇게 하였습니다. 미래의 동지가 현재가 될 때 그대는 또 과거의 동지가 되겠지요. 그렇게 돌고 도는 것이 수레바퀴 같다고 하지 않았습니까. 오늘 동행한 선생님이 그대를 처음 발고한 나무꾼의 얘기를 하더이다.

그대는 남편이 되고 왼쪽의 제화갈라는 본처가 되고 오른쪽의 미륵은 첩이라 했습니다. 화가 난 본처가 손에 돌멩이를 들고 있으며 첩은 손끝으로 자기 볼을 찌르면서 익살맞게 남의 속을 긁고 있다고요. 그 말에 표정이 바뀔 그대는 아니겠지요. 무슨 말을 들어도 그 미소에 변함이 없을 테니까요. 세상사는 마음먹기에 달렸고 자신의 안경색깔로 본다 하지 않았습니까. 과거 생에 그대가 수행자의 몸일 때 비가 내려서 땅에 흙탕물이 고여 지나는 이의 발이 모두 젖는 때였죠. 마침 연등불이 그곳을 지나게 되었는데 그대가 긴 머리를 풀어 땅을 덮어서 연등불의 발을 보호하였지요. 그렇게 섬긴 인연으로 마정 수기를 받고 여어내세汝於來世에 당득작불當得作佛하여 호號를 석가모니라 하리라 하였다지요. 제화갈라는 연등불의 전신前身이라고 했지요.

나는 지금 이 자리에 서 있습니다. 우주의 수만억 국토 중에서 그대와 나는 사바의 작은 골짜기에서 오늘 만났습니다. 모든 말이 그대의 미소 앞에서 사라져 버렸습니다. 아니 의미가 없어졌습니다.

뜨겁던 한낮의 열기도 산그늘에 밀려 뒷걸음치는 저녁 무렵, 나는 돌계단을 하나씩 밟으며 내려갑니다. 그대의 표정을 닮아 보려고 입꼬리를 올려서 다물어보고 눈을 깜빡거리며 웃어도 봅니다. 그 표정이 하루 이틀 아니 셀 수 없이 많은 생을 수행하며 갈고 닦은 선물이라는 것을 기억합니다. 그대가 말씀하신 오백 전생의 인행담忍行談들을 생각나는 대로 떠올려 봅니다. 축생으로 선인으로 인간으로 윤회하며 몸을 바치되 '나'라는 상을 버렸던 그대였지요. 내가 지금 내려가고 있는 계단처럼 한 걸음 한 걸음 앞으로 내딛으며 그대는, 갠지스 강가의 모래알 같은 세월을 한 가지 소원만 안고 달려갔었지요.

이 골짜기의 고요한 밤에는, 어둠을 장식하는 빛나는 별들도 그대의 광배를 따라 이곳으로 모여들겠지요. 녹야원에서 처음으로 법을 설한 이후처럼, 저 별들은 순식간에 달려와서 천이백오십 인의 아라한들이 되겠지요. 세상의 어둠을 밝혀주던 장엄한 영산회상이 되겠지요.

강댕이골 맑은 개울물은 이 순간 말없이 흘러갑니다. 나무로 만든 아치형의 다리 난간에 기대어 서서 흐르는 물을 바라봅니다. 나는 다시 세간의 소용돌이 속으로 들어가려 합니다. 그대로부터 내 가슴에 받은 무언의 법문은 세세생생 나의 잠재의식 속에 보관되겠지요. 그리고 필요할 때마다 떠오르겠지요. 오늘 본 그대의 미소를 영원히 기억할 것입니다. 다른 이들을 위해 내가 베풀 수 있는 것이 많지 않다고 여겨 왔습니다. 하지만 그대의 미소를 보면서 많이 생각하게 됩니다. 살포시 한 번 웃었을 뿐인데 마주하는 사람의 마음에 평화를 주고 희망을 줄 수 있다는 것을 배워봅니다. 몸과 마음, 동작 하나하나가 다 누군가에게 어떤 의미로 퍼져갈 수 있다는 것을 생각해봅니다. 늘 빈손으로 서 있지만 천금보다 값진 선물을 안겨줄 수 있는 능력 무궁한 그대여.

(2010. 6.)

방죽 가에 살던 여인

수양버들이 연못가에서 긴 머리를 풀어 감고 있는 궁남지를 따라 천천히 발을 옮긴다. 남부여의 무왕이 만든 우리나라 최고最古의 인공연못이다. 오랜 세월만큼이나 역사 속에서 얽힌 얘기도 많고 버드나무와 연蓮의 마른 꽃대도 많다. 연못 가운데로 다리가 놓여있고 그 다리를 따라 바라보니 포룡정이란 정자가 그림처럼 서 있다. 주변 풍광이 아름다우니 몸도 마음도 쉬어가기 안성맞춤이다.

연못가에는 푸른 창포들이 무성하게 자란다. 물 위로 무리지어 쑥쑥 올라와 있는 모습은 힘이 넘치는 소년을 닮았다. 봄이 무르익으면 창포 사이마다 새 식구들이 신고식을 할 것이다. 자라풀, 개구리밥, 붕어말 등이 물속에서 깨어날 준비를 하고 있다. 창포 무더기를 두 손으로 가만히 헤쳐 보면 우렁이와 청개구리도 숨어있을 것만 같다.

그늘, 벤치에 앉아 잠시 두 눈을 감는다. 환한 달빛 속 버들가지 사이로 얼핏 스치는 것이 있다. 검은 머리 길게 묶어 내리고 야윈 듯 흰 얼굴에 소박한 남부여의 여인이다. 그때는 작은 방죽이었을 이곳에서 달빛을 따라 홀로 거닌다. 다리도 쉴 겸 그녀는 버드나무에 기대서서 그달을 보며 수줍게 웃고 있다.

그 무렵 잠 못 드는 사람이 하나 있었다. 보름달이 유죄라고 울부짖는 용을 닮은 남자가 이 방죽을 주시하고 있었다. 긴 머리의 여인은 그의 영토를 밟은 힘 없는 사슴 한 마리였다. 그녀는 힘센 남자의 아이를 가졌고 열 달 후엔 아들을 낳았다. 평범하지 않은 남자와의 인연, 아이를 혼자서 키워내야 하는 고통이 그녀의 마음을 아프게 했을 것이다.

어느 시대로 보던지 분명한 미혼모와 사생아다. 정식으로 혼인한 사이도 아니다. 혼외 자식을 키우며 사는 젊은 여인의 심정이 예나 지금이나 무엇이 다를까. 시공을 초월해서 헤아려 본다. 왕의 자식을 낳았다면 그에 맞는 대우를 받아야 하는데 그녀와 아들은 마를 심어서 생계를 유지했다면 어찌 된 일일까 아리송해진다. 서동의 어릴 적 이름은 장璋이라고 《삼국유사》는 전한다. 왕재교육을 위해서라는 말도 떠올려 보지만 이해하기가 어렵다. 모자는 분명 고생을 하며 살아간 듯하다. 훗날 그녀의 아들이 왕위 계승자로 책봉되지 않았다면 그림자도 없이 사라졌을 여인이다.

궁의 남쪽, 물가에 살던 여인을 따라 역사를 거슬러 올라가 본다. 그녀가 통정한 남자는 밖에서 얻은 아들에게 왕위를 물려주었다. 세력하고는 거리가 먼 여인의 자식이 어떻게 권좌를 물려받았을까. 일연은 《삼국유사》를 통해 선화공주의 능력을 부각시킨다. 많은 금을 가진 공주가 금을 적절히 활용해서 서동을 무왕으로 만들었다고. 며느리를 잘 얻었다는 얘기가 된다. 그녀는 아들이 왕의 자리에 앉는 모습을 당당히 지켜보았을까? 아니면 아들을 넘겨주고 생의 무대에서 퇴장하진 않았을까. 숨어서도 볼 수 없는 운명은 아니었을까. 무왕의 생모는 그 그림자가 남부여의 역사 속에서 진정 짧기만 하다.

그녀의 손자는 나라를 잃어버렸다. 외세와 손잡은 동족에게 나라를 빼앗겼다. 의자왕은 궁남지의 정자에 올라 어떤 생각을 했을까. 망해가는 나라의 운명 앞에 통한의 눈물을 흘렸으리라. 아버지와 할아버지의 그리고 할머니의 그림자가 길게 깔린 연못의 물결을 슬프게 바라보았을, 그 마음을 더듬어 본다.

나부끼는 버들가지 사이로 황포 돛을 달은 작은 배가 떠 있다. 그때 나라를 잃은 남부여의 백성들이 저렇게 생긴 배에 몸을 싣고 구드레나루터를 떠나 남쪽으로 노를 저어가며 한없이 울고 또 울었으리라. 그녀도 생과 사를 초월해서 어디선가 같이 눈물을 흘렸으리라. 손자의 패망이 어찌 슬프지 않겠는가. 나라를 빼앗겨 원통한 백성들의 흐느낌은 궁남지의 버드나무 사이를 맴돌다가 차곡차곡 가라앉아서 천 겹의 진흙이 되었으리라. 누가 바지랑대 하나 들고 휘휘 저어본다면 잠자던 회한들이 공기 방울처럼 솟아 올라와 저마다 입을 열 것만 같다.

지나간 얘기는 흩어져버린 구름과 같다. 다시 붙여놓을 수도 없고 붙여서도 안 된다. 과거와 현재를 따로 볼 수가 없다. 천 년의 세월로 날줄을 삼고 흥망과 성쇠로 씨줄을 삼아 짠 옷을 우리는 입고 살고 있다. 지금 이곳에 모여 슬픔과 기쁨을 같이 느끼고 있다. 선조들의 허와 실을 물 위에 비춰보면서.

봄바람에 버들가지가 나부끼는 모습이 새로운 희망으로 다가온다. 궁남지의 아름다운 모습을 보며 과거의 자취를 슬퍼할 수만은 없다. 모든 것들이 희망으로 싹을 틔우며 봄비를 기다린다. 연꽃뿌리들도, 창포도, 그때 떠올랐던 보름달도 모두가 방죽 가에 살던 그녀의 얘기를 기억하고 있을 것이다. 그래서 이 연못에 뿌리를 내린 식구들은 소박하면서도 겸손하고 인내하며 때를 기다릴 줄 안다. 여기 물가에 살았던 그녀처럼.

(2009. 4.)

수륙 대재

목을 길게 빼고 두 날개를 활짝 펼친 푸른 학 한 마리가 창공을 힘차게 날아가다가, 그대로 수직 하강을 하여 충남 서산의 간월도리 앞바다에 꼼짝 않고 엎드려 있다. 그 머리에 작은 절을 하나 이고 있다. 그 몸통에는 소나무들이 자라서 작은 숲을 이루고, 꼬리는 고기 잡는 이들의 생활터전이 되어버렸다. 이 학은 조수로 인해 하루에 두 번씩 긴 목을 잃었다가 되찾는다. 이 작은 섬에는 간월암이란 절이 있다. 조선 초기 무학 대사가 창건했으며 만공과 벽초 선사가 수행을 하던 곳이다.

간월도 하늘에 만국기가 바쁘게 펄럭인다. 서산시와 간월도리 사람들의 연례행사인 수륙고혼 천도 대재가 열리는 날이다. 우리는 소나무 언덕에 주차하고 작은 계단을 따라서 조심스레 내려간다. 마침 바닷물이 빠져 나가서 자갈 섞인 바닷길이 훤히 드러나 있다. 절 마당에 오르니 이번 행사를 위해 두루마리 은박 돗자리를 뒤집어서 깔아 놓았다. 꼭 흰 천 같다. 사방 각지에서 스님들도 모여들고 신도들도 찾아들고 관광객들도 북적댄다. 이 행사는 陸, 海, 空, 어느 곳에서 돌아가셨든 간에 갈 곳 몰라 헤매는 영혼들을 부처님 전에 인도해서 천도해 주는 의식이다.

고개를 들어 하늘을 바라보니 눈이 시리도록 푸르다. 밀물이 들어와서 출렁이는 바다를 보니 그도 그렇게 푸르다. 상하와 사방이 온통 푸른색에 갇혀 버렸다. 법당 뜰에서는 고혼들을 청하여 목욕을 시키는 의례가 진행되고 있다. 다음 차례는 음식을 베풀어 먹인 다음 불법을 들려주는 순서다. 고혼들이 고통을 벗을 수 있도록 스님들의 염불의식이 한창 무르익고 있다. 이어서 범패 소리가 구성지고 청아하게 푸른 천지에 퍼진다. 태징과 법고 소리는 무리를 이탈하는 혼령을 불러들이는 팔부신장의 목소리처럼 쩌렁쩌렁하게 울린다.

다음은 비구니스님들의 승무가 이어진다. 노란 고깔을 쓴 두 명의 비구니는 노란 나비가 된다. 나비 두 마리가 꽃밭을 날아다닌다. 날개를 폈다가는 접고, 앉았다가는 날아다니며 접무를 춘다. 피리 소리가 끊어질 듯 이어진다. 나비는 고혼들을 하나씩 등에 태우고 연꽃 위에 사뿐히 내려놓는 것 같다. 곡선을 타고 홀린 듯이 춤을 추며 날던 나비는 드디어 하얀 꽃에 앉는다. 춤이 끝난 것이다. 승무를 추던 하얀 버선코에 땀방울이 떨어진다. 독경소리도 합장한 이들의 염원도 모두 하나가 되어 푸른 향의 연기를 타고 하늘로 오른다. 바라 소리도 잦아들다 멎는다. 애절한 회심곡이 회향할 때가 되었음을 알려준다.

사람도 좋은 말로 위로를 하면 마음의 문을 연다. 영혼도 그러한가 보다. 성인의 좋은 말씀을 듣고 가슴에 무거운 짐을 다 내려놓았을 것이다. 정갈한 음식으로 대접을 받았으니 흡족할 것이다. 또 인연이 있는 사람들의 간절한 부탁도 들었을 것이다. 고혼들이 부디 중음신中陰身의 몸을 벗고 좋은 인연을 따라가서 이고득락하길 빌어 본다.

오후 3시쯤 작은 어선에 깃발을 달고 바다로 나아간다. 한 사람씩 조심스럽게 일어나서 펄떡거리는 물고기를 한 마리씩 바가지로 떠서 살며시 바다에 놓아준다. 고혼과 재자를 위한 방생의식이다. 그들은 꼬리를 몇 번 치고 흔들다가 쏜살같이 사라진다. 놓아주기 위해 잡혀 온 몸이 됐던 그들에게 왠지 미안한 마음이 스쳐 간다. 입속으로 중얼거려본다. 다시는 잡히지 말고 잘 살아가라고.

산 사람들이 죽은 사람들을 위로하는 행사를 보면서 많은 것을 생각하게 된다. 세상은 살아있는 자들이 주인공이다. 죽은 자를 천도하는 일도 산 사람들의 몫이다. 생전에 가까운 사람들과 가슴에 옹이를 남기지 않도록 노력하는 것도 좋지 않을까. 살아있을 때 최선을 다해 마음을 열어줄 수 있다면, 사후에도 마음들이 편안하지 않겠는가. 그렇다면 어디서 생을 마쳤더라도 이고득락이 쉽지 않을까 생각해본다. 모든 것은 마음으로 좇아 나온다 하지 않는가.

들어갈 때는 걸어서 간 길을 나올 때는 작은 배에 몸을 싣는다. 배를 대고 솔밭 언덕에 올라 잠시 간월암을 바라다본다. 물이 들어오니 다시 섬이 되었다. 오늘 낮에 무슨 일이 있었냐고 나에게 되묻는 듯하다. 목탁소리도 회심곡의 가락도 모두 파도를 따라서 흩어져 갔다. 영원과 찰나가 다르지 않다 했던가. 조금 전의 모든 일이 눈에서도 마음에서도 이미 지나간 일이 되어 버렸다. 시간은 잠시도 멈추어 주질 않는다.

(2007. 10.)

성형미인 라파테라

하늘이 금세 비가 내릴 듯 찌푸렸다. 이런 날이면 본능적으로 화단을 정리한다. 꽃이든 채소든 적당한 자리로 옮겨 심기 한다. 가지도 쳐주고 흙도 북돋아 준다. 상추를 뽑아낸 자리가 휑하다. 무엇을 심으면 좋을까 고민하다가 시장으로 나갔다.

골목 한쪽에 꽃을 싣고 와서 파는 아저씨가 손님을 기다린다. 6월의 미인 대회에 나온 꽃들이 멋진 모습으로 늘어서 있다. 저마다 개성 있는 얼굴로 미소를 머금고 있다. 시장골목 미인대회의 심사위원이 된 나에게 모두 눈웃음을 치며 애교를 떤다. 그렇다고 다 후한 점수를 주자니 지갑 속에서 경보음이 울린다. 하나씩 눈을 맞추며 끝까지 갔다가 나오는 길에 수줍은 웃음을 띤 꽃을 만났다.

그 꽃의 이름은 '라파테라'. 생소한 이름이다. 키는 한 뼘 반 정도를 넘지 않으며 많은 가지 끝마다 연분홍색의 꽃송이가 부끄러운 듯 달려 있다. 배를 타고 바다를 건너왔으니 낯설기도 하련만 꽤 익숙한 모습이다. 얼굴은 접시 아줌마를 닮은 듯도 하고 어찌 보면 무궁화 댁을 연상시키기도 한다. 이파리는 된장국을 끓여 먹는 아욱 언니를 보는 듯하다.

꽃이 피지 않은 과꽃 포기와 이미 꽃이 다 떨어진 매발톱 사이에서 그녀는 터를 잡았다. 작은 화단의 한가족이 되었다. 바람이 불 때마다 서로에게 손짓으로 눈짓으로 인사들을 시작한다. 아직 낯이 설어 이력서 파악도 안 되었다. 겨울엔 무슨 옷을 입고 월동을 한다는 자기소개서도 없다. 토종과 외래종 꽃들이 한데 어우러져 한가족이 되었다.

요즘 친구들 모임에 나가면 성형수술에 대하여 관심 있게 얘기들을 한다. 얼굴이든 몸매든 그 시대 사람들의 기준에 맞추려 애를 쓴다. 라파테라! 그녀는 분명 성형미인이란 생각이 든다. 그녀는 유행의 기준에 의해서 만들어진 몸매다. 씩씩하던 접시꽃의 큰 키를 버렸다. 줄기를 따라 하늘로 올라가며 피는 고소 공포증에서도 해방되었다. 큰 얼굴을 좋아하는 사람이 없는 세태에 맞춰 안면 축소수술도 했다. 손도 작게 고치고 몸 전체를 아담하고 보드랍게 완벽한 성형으로 변신했다. 예쁘면서도 오래 피는 능력이 있으니 성공한 몸이다. 가냘프지도 않고 통통하지도 않고 적당해 보이며 세파를 모르는 표정이다.

종자개량의 발달로 모든 식물이 자꾸 변한다. 옛 모습을 그냥 가지고 있는 품종이 별로 없다. 패랭이도 코스모스도 백일홍도 모두 키가 작아만 진다.

사람은 욕구가 다양하다. 고개를 들고 올려다보는 것을 별로 좋아하지 않나 보다. 모든 걸 눈 아래로 내려다봐야 편한가 보다. 과수원의 나무들도 키가 작아졌다. 옛날엔 사다리를 놓고 올라가서 과일을 땄는데 이제는 땅에 서서 낮은 가지를 붙잡고 또옥또옥 따서 담는다. 그렇다고 수확이 줄어들지도 않는다. 끝없이 편리함을 좇고 개량하면서 살아간다. '라파테라'의 모습을 보면서 한편으로 경이로움을 느끼는 반면 두려움도 느낀다. 사람들은 키가 크기를 소망하면서 식물들은 작게 만들고 있으니 말이다.

키 작은 접시꽃 사촌 '라파테라'. 그 키의 한계는 어디까지일까. 자리를 잡는 대로 거름을 듬뿍 주어보면 어떨까. 그러면 좀 더 클 수 있지 않을까. 사람은 있는 그대로의 모습에서 만족을 찾아야 마음이 편하다. 작으면 작은 대로 크면 큰 대로 다 매력이 있다. 헌데 사람의 생각은 한 곳에 머무르지를 않는다. 무엇이든 새로 만들어 내려 하고 변화를 추구한다.

성형 미인 '라파테라'. 그 꽃은 우리 땅에서 뿌리를 내리고 분명히 종족을 퍼트려 갈 것이다. 좋은 토양에서는 처음 모습보다 더 아름답고 성숙해질 수도 있다. 사람이 자연의 섭리를 약간씩 바꿀 수 있듯이 자연도 사람의 계산을 조금씩 틀리게 할 수도 있지 않겠는가. 키 작은 라파테라가 많은 세월 적응하다 보면 튼실한 우리의 체질로 변하지 않을까. 여린 모습에서의 변신, 특별하고 성숙한 우리나라의 꽃이 될 수 있을 것이다.

건너편에 있는 빨간 제라늄이 손을 내민다. 그도 바다를 건너와서 이제는 우리 땅에 뿌리를 내렸다. 그들은 서로 소통하며 꿈을 키워갈 것이다. 제라늄이 정착하기 위해 했던 것처럼. 이웃이 있어서 라파테라는 외롭지 않을 것이다.

(2008. 6.)

그물

석류나무 가지 사이에 쌀알만 한 몸집의 거미 한 마리가 어느새 집을 지었다. 화이트 펜으로 열십자를 그은 것 같은 모양이다. 중심에는 거미가 네 발을 하얀 줄에 대고 꼼짝 않고 엎드려 있다. 자기 다리가 그리 긴 것처럼 위장을 한 모습이다.

정면에서 아무리 봐도 거미줄이 안 보인다. 카메라로 찍어보아도 열십자만 나온다. 거미가 요술이라도 부렸나 싶어 각도를 바꿔가면서 살펴봐도 거미줄이 없다. 할 수 없이 까만 종이를 뒤쪽으로 받치고 살펴보니 그때야 거미줄의 형체가 잡힌다. 보이지 않는 고운 실로 촘촘히도 엮어 놓았다.

거미도 사람과 마찬가지로 자신의 능력이 약하다 싶으면 달리 방법을 찾아내나 보다. 인간들도 자기를 좀 더 돋보이려 치장을 한다. 좋은 옷을 입고 멋진 구두를 신으면 조금 더 근사하게 보일 수도 있다. 거미도 그의 존재를 알리려고 모든 재주를 동원한다. 자기의 영역이라고 열십자로 표시해 놓았다. 그건 모든 움직이는 것들에 대한 신고이며 경고이기도 하다.

만약에 작은 거미가 그의 그물을 허공에 꽉 차게 쳐 놓을 수 있게 된다면 어떻게 될까. 자동차가 달리는 도로 위에도 배가 다니는 항구에도 저 거미의 촘촘하고 견고한 그물이 있다면, 거미는 막강한 힘을 얻고 사람은 거미를 두려워할 것이다. 석류나무 가지 속에 숨어서 보이지도 않는 집을 짓던 얘기는 잊어버릴 것이다. 그리고 사람과 부딪히며 싸워야 하는 곤경에 처할 것이다.

그러나 발이 긴 거미는 과욕을 부리지 않는다. 거미줄에 온종일 한두 마리의 먹이만 걸리면 만족하는 것 같다. 온 신경을 거미줄에 대 놓고 일념으로 먹이를 기다린다. 작은 거미집에 한꺼번에 열 마리의 먹이가 달라붙었다고 생각해 보자. 거미는 사냥도 못 하고 집은 다 부서져 버릴 것이다. 내 그릇의 크기를 먼저 살펴야 하지 않을까.

과욕을 버리면 새로운 것을 얻을 수 있다. 스스로 바라는 바를 줄이면 어떨까. 작은 몸에 맞게 작은 그물 집을 짓고 안분지족安分知足하는 거미처럼 내 마음의 분수를 지키면 세상이 좀 더 질서가 있고 안정이 되지 않을까.

작은 거미집에 꿀벌이 하나 걸려들었다. 갑자기 받은 큰 선물이라서 힘에 부치는 모양이다. 한참을 실랑이한 뒤 거미줄로 대강 묶어서 매달아 놓고는 구멍이 뚫린 집을 고치느라 분주하다. 부지런하고 욕심이 없으니 조바심하지 않는다. 사람처럼 먹고 남아서 무턱대고 쌓아 놓기를 원하지도 않는다. 자신이 벌려 놓은 능력 안에서 하루하루 의미를 찾는다.

세상에는 많은 종류의 그물이 있다. 그물이란 상대를 구속하는 도구가 되기도 하고, 또 어떤 경우에는 상대를 보호하는 도구가 되기도 한다. 살아있는 것들은 저마다의 그물을 가지고 있다. 어떤 형태로든 먹이를 위해 어느 곳에든 펼쳐놓고 있다. 시장에도 빌딩 숲에도 가는 곳마다 누군가의 그물이 있다.

하늘에는 인드라망이라는 그물이 있다. 도리천 하늘을 덮은 그물인데 그물의 매듭마다 수정 구슬이 달려있다. 그 구슬마다 모든 세계가 다 비추인다고 한다. 세상의 물질이나 생명이 다 연결고리로 이어져 있다고 할 수 있다. 석류나무 사이의 작은 거미집에도 한로寒露가 지나면 영롱한 이슬이 맺힐 것이다. 하늘의 인드라망처럼 유리구슬이 송송 매달리면 그 속에 또 다른 모습들이 분명 들어가서 비치게 될 것이다.

석류나무 사이에 십자문 그물을 친 작은 거미는 느긋하게 집을 다 고쳐놓고 숨을 고르고 있다. 언제 일어날지 모르는 잡고 잡히는 어쩔 수 없는 일을 기다리며 팔과 다리를 최대한 길어 보이게 걸쳐 놓고 또 능력을 과시하고 있다.

어부가 던지는 그물엔 물고기가 잡힌다. 살기 위한 수단이다. 무엇을 막아내기 위해 치는 그물도 있고 무엇을 얻기 위해 치는 그물도 있다. 알게 모르게 사용하고 있는 내 그물들을 다시 한 번 다시 살펴보면 어떨까.

오늘도 아침부터 분주하다. 늘 내가 엮어놓은 그물을 관리하고 살피느라 하루가 쏜살처럼 지나간다. 친구를 만나고, 물건을 주고받고, 빨래와 청소를 하고…. 하루라는 작은 실오라기 하나가 모여서 일생이라는 큰 그물 집을 짓고 있다. 작은 거미가 몇 시간이면 너끈히 하는 일을 나는 평생을 해도 쩔쩔맨다. 거미줄이 찢어져 너덜거려도 평상심을 잃지 않고 최선을 다해 수리하는 작은 거미에게서 배운다. 복잡하게 얽혀있는 내 그물들을 저 작은 거미의 보이지 않는 집처럼 투명하게 만들었으면 좋겠다. 내가 아니, 모두가 인드라의 그물에 그렇게 비친다면 얼마나 좋을까.

(2009. 8.)

죽령竹嶺

오랜만에 식구들이 다 모인 주말 저녁, TV 앞에 모여 앉았다. 노란 귤껍질이 잠깐 동안 수북이 쌓인다. 겨울철 과일 중에 값싸고 만만한 게 귤이다. 우리 집에는 귤바가지가 하나 있는데, 통나무를 파서 만든 우묵한 그릇이다. 그릇의 용도를 결정하기까지 고민을 많이 했었다. 장식품으로 두고 보기엔 좀 넓적했고 허드레로 쓰기에는 아까웠지만 그냥 귤 바가지로 한 세상 살라고 달래 놓았다. 이 나무바가지를 물로 씻어 마른 행주질을 하는데 아직도 반짝거리는 윤기 속에 수십 년 전의 일들이 어름어름 비쳐온다.

막내 동서가 결혼하고 처음 맞는 추석이었다. 일찍 차례를 지내고 경북 봉화에 있는 시아버님 산소에 첫인사를 올리러 형제들이 부부동반으로 출발했다. 원주를 지나 제천쯤 이르렀을 때 찌푸렸던 하늘에 굵은 빗방울이 뚝뚝 떨어지기 시작했다. 급한 마음에 속도를 내 보았지만 단양을 지나 죽령재를 오르기 시작하면서 낭패가 생겼다. 빗줄기가 거세지면서 시야가 흐려지고 막내 동서는 심한 차멀미에 토사곽란이 겹쳐서 얼굴이 사색이 되었다. 네 발로 기어가는 사람처럼 느릿느릿한 차가 겨우 죽령 휴게소 앞에 서고, 막내 동서는 화장실까지의 거리가 천 리쯤 되었으리라. 영주 쪽으로 내려가는 길이 까마득하기만 했다.

다음 날 성묘를 마치고 돌아오는 길. 꼬불꼬불 죽령재를 향해 또 출발했다. 하늘은 쾌청하고 산세도 푸르렀다. 비가 갠 뒷날이라 그런지 죽령휴게소에서 내려다보는 산골짜기는 웅장하고 가슴이 탁 트인다. 막내 동서와 난 어제의 난감했던 사건들을 산 아래로 던져버리고 상쾌한 마음으로 휴게소에 있는 목공예품 전시장으로 들어섰다. 갖가지 모양의 공예품들을 구경한 뒤 그중에서 넓적한 모양의 바가지를 사서 첫 방문 기념으로 나눠 가졌다. 그때는 그 바가지가 예뻐 보였었다.

나무로 만든 공예품은 보기만 해도 마음이 편안하다. 자연이 주는 그대로의 느낌 때문이다. 나이테가 살아 있고 말을 걸면 대답을 할 것만 같다. 동서와 나는 앞으로의 긴 여정을 발맞추어 잘해 보자고 다짐을 했다. 처음 나무바가지를 받았을 때 기뻐하던 막내 동서의 따스한 마음까지 나눠 가져서일까. 푹 퍼져 있는 바가지를 보면 오랜 친구처럼 정이 가고, 푸르던 죽령이 떠오른다.

해마다 벌초 때면 거를 수 없는 연례행사. 남편과 시동생들과 봉화를 오가던 이 고갯길은 충북 단양에서 경북 영주로 넘어가는 문턱이다. 옛날 영남 선비들이 청운의 꿈을 안고 괴나리봇짐을 메고 한양을 향해 여길 넘어갔으리라. 수없는 세월, 헤아릴 수 없는 사람들이 저마다의 사연을 안고 오고 갔던 고갯길에 '죽지랑'에 대한 이야기가 전해 온다. 한 번 만나서 의기가 투합되고, 서로 존경하고, 죽은 뒤에도 잊지 못해 상대방의 아들로 다시 환생한다. 그 이름을 '죽지'라 했고, 훗날 아름다운 화랑이 되어 신라인의 가슴에 피는 꽃이 되었다.

눈을 감고 고개 위로 더듬어 올라가 본다. 구름 멈춰선 죽령의 푸른 산봉우리 위로 죽지를 그리는 화랑 '득오'의 맑은 목소리가 들리는 듯하다.

옛날엔 다섯 시간을 헉헉거리며 달려야 가던 봉화를, 이젠 세 시간 만에 여유롭게 도착할 수 있다. 내 머릿속에 꼬부랑 험한 길로 입력된 죽령을 넘지 않고도 빠르게 시댁 쪽에 갈 수가 있다. 중앙고속도로 덕분이다.

인터넷으로 옛 죽령을 쳐 보았다. 잊혀져가지 않을까 하는 아쉬운 마음에서다. 안심이다. 죽령은 잊혀져가는 고갯길이 아니다. 새롭게 주목되는 자연 생태의 보고로 박수를 받고 있다. 죽령 옛길의 향수가 그리워서 일부러 찾는 사람들이 늘고 있단다. 나도 내년에는 그 길을 천천히 밟으며 넘고 싶다. 막내 동서와 함께 여유를 가지고 내려갔다가 느릿느릿 죽령을 다시 넘어서 오고 싶다. 얼마나 변했을까. 동서와 내가 처음으로 가족이 되어 같은 생각을 하고 꿈을 만들던 고개다. 수십 년 전, 그때의 마음을 따라서 찾아 가보고 싶다.

(2008. 1.)

2.

바람골 겨울나무

바람골의 겨울나무에게도 봄은 다시 온다. 단련한 몸매로, 벌거벗었던 순수로, 자유로, 변치 않는 이타심으로 새싹을 틔울 것이다. 보람 있고 아름다운 한 해를 가꾸어 갈 준비를 추위 속에서 빈틈없이 하고 있다. 속이 꽉 찬 사람처럼.

팽 형烹 刑

여름내 사용하던 수건과 속옷들을 날 잡아서 삶아 널기로 했다. 큰 알루미늄 들통에 빨래를 한 켜씩 둥글게 쌓고 비눗물을 풀고 불 위에 올려놓는다. 뽀얀 거품이 보글거리며 올라오기 시작한다. 점점 퍼지며 차올라서 키 큰 통이 하얀 거품꽃을 면사포처럼 쓰고 있다. 가스 불의 공세에 들통과 뜨거운 비눗물이 장단을 맞춰가며 빨랫감을 도리깨질한다. 거품이 사그라지자 비눗물이 용암처럼 올라온다. 뜨거운 김이 들통 주변을 꽉 잡고서 기세가 등등하다. 왱~ 거리며 날아다니던 파리 한 마리가 열기의 덫에 걸려 빨래통 안으로 이내 떨어졌다.

만약에 끓는 물에 죄인을 넣는 팽형이 있다면 어떨까. 현대에서는 세상이 발칵 뒤집힐 일이다. 조선 시대의 대표 법전인 《경국대전》에 보면 팽형이라는 형벌 얘기가 나온다. 일반 백성들에게 내려진 것이 아니라 탐관오리를 벌주기 위한 공개형이었다. 주로 사람들이 많이 보는 장소에서 행하여졌다고.

죄인은 눈을 가린 채 형장으로 끌려 나온다. 장작을 둥글게 쌓고 그 위에 큰 무쇠 솥을 걸어 놓는다. 집행관은 죄목을 소상히 읽어주고 팽 형을 시작한다. 죄인은 웃옷을 벗긴 채 무쇠솥에 넣은 뒤 뚜껑을 덮고 장작더미에 불을 붙이는 시늉을 한다.

가마솥 안에서 죄인은 어떤 생각을 했을까. 뜨겁지 않은 솥 안의 온도는 그에겐 펄펄 끓는 물 속보다도 더 참담하지 않았을까. 짧은 시간에 生과 死를 눈 뜨고 체험함이 아닌가. 스스로 허물을 반성하고 죄를 인정하여 목숨을 내놓을 각오라면 그는 앞으로 죽은 듯이 살아도 감사할 것이다.

솥에서 꺼내진 죄인은 죽은 척하라는 명을 받고 시체가 된다. 염습을 하고 관에 들어가서 상여를 타고 집으로 간다. 죄인은 집안에서 숨을 쉬는 송장처럼 살아야 한다. 울타리 안에서의 제한된 삶이 오히려 관대하게 느껴질 것이다. 가마솥 안에서 끝난 명줄을 다시 이어가고 있지 않은가.

죄인이 자식을 낳으면 아비 없는 과부의 자식으로 대접을 해주었다. 조선시대의 여러 가지 형벌 중에서 부정한 관리에게만 행하였던 이 형벌은 어떤 측면에서는 장난같다는 생각도 들지만 명예를 중시하던 사회에서는 모든 것을 잃는 수치스런 일이 아닌가 싶다.

여생을 담보로 속죄해야 하는 양심의 벌인 팽형은 한 차원 높은 심리형이란 생각을 해본다. 심리형이란, 보이지 않는 것을 이용해 사람을 옭아매는 특징이 있다. 요즘 인터넷을 이용해 많은 댓글이 우박처럼 쏟아진다. 집중적으로 한 사람을 무차별 공격해서 폐인을 만들기도 하고 목숨을 앗아가기도 한다. 인터넷이라는 커다란 가마솥에 사람을 넣고 댓글이라는 장작불을 활활 지펴버린다. 옛날처럼 인정이 남아있는 형벌이 아니라, 불의 강도를 조절할 줄 모르는 무책임한 팽형을 집행한다. 확실한 죄목罪目 없이 행해지는 요즘의 인터넷의 악성 댓글 형벌은 위험하기 짝이 없다.

현대인들이 진심으로 사람을 배려하는 여유를 가지고 상대를 바라본다면, 가혹한 온라인상의 무차별한 공격은 불꽃을 조절할 수 있지 않을까. 그렇게 할 수 있다면 최악의 피해는 막을 수 있을 것이다. 선조들의 지혜를 조용히 헤아려본다. 실제로 무쇠 솥에 불을 지폈다면 이 형벌은 역사에 끔찍하게 기록되었으리라. 그 시늉만으로 극단을 피하고 죗값은 남은 생의 숙제로 남겨 주었으니 여생에 기회를 주는 것이다.

기회를 준다는 것은 숨통을 터주는 것이다. 개과천선할 수 있는 시간을 벌어주는 것이다. 팽형이라는 형벌은 단죄만을 위한 것은 아닌 듯하다. 다시는 탐관오리의 노릇을 못하게 하면서도 죄인의 목숨은 귀하게 여긴 듯하다. 어찌 보면 부정부패의 단속이 느슨한 결과가 될 수도 있지만 한편으론 보기 드문 해학적인 형벌이지 않은가.

요즘 같이 복잡한 세상, 뇌물에 익숙한 관리로서 조선 시대의 팽 형에 해당하는 사람들이 있다면, 빨래통에 흰옷을 삶듯이 자신의 품성을 세탁하는 노력을 했으면 좋겠다. 푹푹 삶아서 맑은 물이 날 때까지 헹궈내어, 햇빛에 바짝 말려 다듬으면서 본래의 모습을 찾는 과정. 그러한 흰 빨래의 과정을 한 번 돌아보았으면 좋겠다.

(2008. 11.)

토굴

초겨울 깊은 산길을 따라 사륜구동차가 힘들게 기어오른다. 살짝 언 낙엽이 비탈길을 덮어 눈 위처럼 미끄럽다. 길 복판의 억새풀들은 한 번도 기가 꺾인 적 없이 무성하다. 싸리나무하며 떡갈나무 가지들이 차창을 툭툭 치며 거칠게 인사를 한다. 낙엽 속에서 다람쥐 한 마리가 톡 튀어나오더니 헌헌장부 같은 춘양목을 부둥켜안고 살금살금 오른다.

슬레이트 지붕, 세 칸 흙벽돌집 굴뚝에 흰 연기가 하늘로 솟는다. 쪽문을 열고 부엌으로 들어가니 물솥 아궁이에 장작불이 불똥을 튀기며 타고 있다. 방문을 여니 연기가 새어 들어와 목이 칼칼하다. 참나무 숯불에 고구마를 묻고 가래떡을 굽는다. 간단한 저녁 식사가 끝난 다음 모두 손을 씻고 빙 둘러앉았다. 저녁 6시인데 산골은 이미 짙은 어둠에 묻혔다. 파라핀유 호롱불이 어두운 방을 희미하게 밝혀 준다. 이곳에 5년째 홀로 기거하는 주인이 녹차를 한 잔씩 따라서 돌려준다.

옛날에는 토굴이라 하면 절벽이나 땅속에 자연스레 뚫어진 동굴이거나 일부러 파 놓은 굴을 연상했다. 하지만 사람의 주거 문화가 180도 달라진 요즘은 그런 옛날식 토굴은 만나기가 어려워졌다. 지금은 홀로 수행하는 사람들이 주로 기거하는 형태의 집이 아닌가 싶다. 보통 3칸 이내의 흙과 나무로 지은 집이다. 생활의 불편함을 익숙하게 만들고, 길들여진 의식주로부터 자유로워지는 연습을 할 수 있는 곳. 집은 작지만 마음만은 한없이 키울 수 있는 집이 토굴이 아닌가 생각해 본다.

고려 말 선풍을 드날린 무학의, 한때 스승이기도 한 나옹선사는 많은 시가를 남겼다. 그중에 "일간 토굴一間 土窟 지어 놓고 송문松門을 반개半開하고…."로 시작되는 <토굴가>는 깨달음의 경지를 스스로 노래한 긴 시가이다. 그중에 한 구절을 보면 "백공천창百孔千瘡 깁은 누비 두 어깨에 걸었으니 의식衣食에 무심無心커든 세욕世慾이 있을소냐.(먹는 것 입는 것에 뜻을 두지 않았는데 옷에 백 구멍이 나면 어떻고 천 구멍이 난들 어떠하랴. 세상의 비단옷보다도 이 누더기가 더 값진 것을)"에서 토굴 수행자의 면모와 사상이 잘 나타나 있다.

찬바람이 윙윙거리며 스며드는 작은방에 겨울용품을 갈무리한다. 겨울을 날 작은 무 한 자루가 있다. 눈이 쌓이면 인적이 끊어지는 곳이다. 다시마, 잡곡, 쌀, 미역이 전부다. 다행히 처마 밑에 쌓여 있는 장작더미를 살펴보며 위안으로 삼아본다. 주인은 무엇 때문에 이곳에 머물며 고행을 선택했을까. 또 우리는 무엇을 구하고자 이런 오지를 찾아오는가. 우편물도 힘이 들어 올라오지 못하는 곳, 전기도 전화도 없는 곳, 문명으로부터 격리된 곳이다. 단지 그것을 선택한 사람이 이곳에 있을 뿐이다.

마당 한가운데에 타원형의 작은 길이 있다. 포행을 하는 곳이다. 길은 반질반질 윤이 났다. 그 안에는 정성들여 뿌린 것 같은 야생의 민들레 싹들이 파릇파릇 봄처럼 나와 있다. 이 길의 주인은 몇 리를 걸었을까. 무엇을 생각하며 이 길을 돌았을까. 생각의 무게는 얼마나 되었을까. 한 생각 붙잡고 놓치지 않으려고 밟은 길을 밟고 또 밟았으리라. 참선공부란 얼굴도 이름도 없는 주인공을 찾아서 떠난 외로운 길이다. 주저앉을 수 없는 길, 앞으로만 가야 하는 길, 이 길을 걷는 주인의 내면과 그 길이를 가히 짐작하기 어렵다. 얼마를 더 걸어야 도착하는 길일까. 짧은 원형의 길이 끝없이 길게만 느껴진다.

경북 봉화군 춘양면 우구치리 깊은 오지에도 아침 해가 떠오른다. 이곳의 산세는 여물을 먹고 편안히 앉아 되새김질하는 소의 입을 닮았다고 한다. 그래서 우구치리라 부른다. 키가 큰 낙엽송 숲이 햇볕을 가려서일까. 남향의 토굴집엔 10시가 되어서야 햇볕이 찾아든다. 서둘러 산에서 내려갈 차비를 한다. 올라올 때보다 모든 게 가벼워졌다.

우리는 마음속에 어떤 모양의 집을 짓고 살아갈까. 각양각색의 보금자리들이 한없이 줄지어 있으리라. 도심에선 호텔 같은 아파트가 위용을 뽐낸다. 추녀 끝이 날렵한 한옥도 아름답다. 그런 집도 좋겠지만 모든 욕심 내려놓을 작은 토굴 하나 가슴에 품어 보면 어떨까.

세상 살아가다 힘이 들 때 모든 것 잠시 내려놓고 그곳에서 쉬어보면 좋지 않을까. 가끔은 은근히 오래 타는 장작불도 한 아름 지펴놓고 내 마음에 훈기를 가득 채워 보면서. 작은 것을 소중히 볼 줄 아는 마음을 찾고, 지나친 욕심을 자제하는 힘을 길러보면 참 좋겠다. 지금까지 살아오면서 철없는 낭비는 없었는지 의식주에 과분한 무리는 없었는지 뒤를 돌아보게 된다.

(2007. 12.)

男과 女, 그 사랑의 고리

자동차로 얼마를 달려갔을까. 우리는 소양강에 도착했다. 곧이어 배에 올라 물길을 따라서 상류로 향했다. 청평사를 답사하기 위해서다. 배가 들어가는 방향의 오른쪽을 바라보니, 낮은 산줄기 하나가 목이 말라 기어 내려온 자라처럼 팔을 벌리고 엎드려 있다. 십여 분을 나아가 선착장에 내리니 청평사 가는 길이 시야에 들어온다. 초입의 그 길은 돌멩이와 자갈과 거친 흙으로 깔려 있다. 무엇인가 순탄치 않은 사연이 숨어있음을 말하려는 듯했다.

계곡의 물소리를 따라 절로 가는 길을 오르다 보니 구송폭포 아래에 공주 굴이 있다. 그리고 공주와 상사뱀의 전설을 형상화한 동상을 만났다. 찬바람 속에서 험한 계곡의 돌멩이 위에, 공주의 기품이라기보다는 세상 물정을 다 섭렵한 씩씩한 표정으로 여유롭게 앉아 있다. 중국황제의 딸로서 부귀와 영화를 누려야 할 몸이 어쩌다 해동 땅의 거친 계곡에 숨어 살아야 했을까. 여기서 청평사는 조금 더 올라가야 했다.

황제의 딸로 태어난 평양 공주는 아름답기가 그지없어 주변에서 보는 사람마다 칭송이 자자했다. 더구나 젊은 남자라면 마음을 빼앗기지 않을 수 없었다. 하지만 신분의 차이 때문에 감히 드러내질 못하였다. 그러던 중에 평민 출신의 한 젊은이가 공주를 사모하다가 상사병에 걸려 죽으면서 비극이 시작되었다. 죽은 청년은 구렁이가 되어 공주의 몸에 찰싹 붙어서 떨어지지 않았고 공주는 이 일로 인해 황궁을 나와서 이곳까지 오게 된 것이다.

곱게 자란 공주가 유랑하며 몸에 구렁이 한 마리를 매달고 산다는 것은 상상하기 어려운 형벌일 것이다. 떳떳지 못한 처지에서 남의 눈을 피해가며 수천 리 길을 이동하기란 차라리 죽음보다 극한 상황이었을 것이다. 요즈음은 스토커라는 말이 있다. 원치 않는데 병적으로 쫓아다니는 사람을 이른다. 스토커는 법으로 제재할 수가 있는데 이 상사뱀은 그럴 수도 없지 않았는가.

공주의 처지에서 보면 푸른하늘에 날벼락이지 않았을까. 마음을 준 적도 없는 사람이 짝사랑이라는 이름으로 뱀이 되어

달라붙는다면 너무 억울하고 슬픈 일이었을 것이다. 짝사랑이란 상대방 동의가 없이 이루어지는 일방통행이다. 그런데 왜 공주가 그 대가를 혼자 받아야 했는가. 생각할수록 가혹하기만 하다.

조선의 명기인 황진이의 운명을 바꿔놓은 것도, 그를 짝사랑하는 한 남자의 죽음 때문이었다. 그 총각이 죽어서 상여가 나가는데 황진이의 집 앞에 이르자 꼼짝도 안 하여 움직일 수가 없었다. 그러자 황진이는 처녀의 몸으로 죽은 자를 위하여, 웃옷을 벗어 상여를 덮어주고 어루만져 주자 상여가 움직였다고 한다. 그런 일이 없었다면 황진이의 운명도 달라졌을까. 아마도 그가 평범한 아낙으로 살다 갔다면 그의 시조를 사랑하는 이들은 몹시 아쉬워할 것이다. 그렇다면 황진이의 운명도 필연으로 받아들여야 하는가. 운명이란 단어 앞에선 마음이 약해진다. 그러나 결과론적으로 보면 황진이는 그로 인해 더 큰 사랑의 의미를 후대에 던지고 간 것 아닐까.

짝사랑의 피해자 평양 공주도 전설에서 살펴보면, 상사뱀과의 동거에서 그를 핍박했다거나 인위적으로 떼어놓을 방법을 끝까지 동원하지 않은 듯했다. 어쩌면 처음에는 황당했지만 점차 운명적으로 받아들이고 수용했던 건 아닐까. 함께 데리고 다니고 먹고 자며 상사뱀을 측은지심으로 대했을지도 모른다.

미움과 원망과 두려움이 사라지고 모성의 자애로움으로 상사뱀을 돌보았을지 누가 아는가.

공주가 구송폭포에서 목욕을 하고 청평사로 불공을 드리러 갈 때도 상사뱀에게 잠시 기다려 달라 했고, 이를 뱀이 승낙한 것은 둘 사이에 믿음이란 것이 존재했던 것일 게다. 공주는 오랜 고통과 시련을 통해 이미 상사뱀을 용서하고 나름대로 높은 인욕의 세계를 터득하지 않았을까 싶다. 즉 경계에 걸림이 없는 경지를 말이다. 어쩌면 상사뱀을 불쌍히 여겨 그의 해탈을 부탁하러 청평사 부처님께 올라가지는 않았을까.

충분히 그럴 수 있었을 것이다. 공주가 이미 회전문을 들어서서 대웅전으로 향할 때 그 마음속엔 모든 원망과 미움은 사라지고 없었으리라. 오직 자비로운 마음으로 상사뱀을 위해 기도했으므로 그 마음을 뱀이 알았으리라. 하여 스스로 구렁이의 몸을 벗고자 했을 것이다. 공주가 원망을 자비로 승화시켜서 시련을 이겨내고 결국은 서로 구원한 것이라고 헤아려본다.

공주와 상사뱀의 전설은 분명 짝사랑의 비극이지만 그 상황을 인내하고 승화시켜서 서로 원만히 풀어내리는 데서 구원을 찾을 수가 있다. 서로 응징하고 힘의 도움을 청하는 게 아니다. 얼어붙은 마음을 녹여주고 함께 호흡하는 것이다. 서로가 미래의 밝은 쪽을 향해 손을 내미는 것이다. 공주가 지긋지긋한 상사뱀을 극단적인 사고로 대하지 않고 순리로 기다리며 인내한 것은 구도자의 모습이다. 역경 속에서도 상생의 길을 찾으려 한 것이다.

구송폭포 아래 평양공주가 넓적한 돌 위에 앉아서 한 손에 뱀을 들고 마주 보며 이야기를 나누고 있다. 좁디좁은 공주 굴에서 처음 자던 날의 암담했던 심정을 털어놓는 걸까. 아니면 구송폭포의 물소리를 인연법의 깨달음으로 일러주고 있음인가. 그렇잖으면 지난 생의 해탈 이야기를 담담하게 주고받는 걸까. 한 생의 진한 인연으로 만나 전설의 주인공이 된 공주와 상사뱀은 청평사 올라가는 계곡에서 지금도 그렇게 끝없는 얘기를 나누고 있다.

폭포의 맑은 물줄기를 뒤로하고 청평사 마당에 올라서니 오봉산에 둘러싸인 절 모습이 무척 포근하다. 상사뱀이 들어가려다 벼락을 맞았다는 회전문을 바라다본다. 구송폭포에서 여기까지의 거리를 헤아려보니 가까운 거리가 아니다. 구렁이의 몸으로 기어오면서 어찌 애욕의 집착심만이 있었겠는가. 공주와 함께한 긴 시간, 이제는 집착에서 벗어나야 할 때라는 것을 스스로 알게 됐을 것이다. 그리고 기회를 찾아 때맞춰 그 문지방을 넘었을 것이다. 그렇게도 두껍고 질긴 애증의 고리를 스스로 풀어내려 함이었으리라.

전설 속의 상사뱀처럼 자신도 괴롭고 상대방도 괴롭게 하는 것을 사랑이라고 할 수는 없다. 그것은 무서운 집착이라고 볼 수 있다. 상대를 배려하지 않고 이기적이고 일방적인 사랑은 불행을 불러오는 까닭에 시작도 아름답고 결과도 아름다운 관계를 꿈꾸어 본다. 일방통행이 아닌 서로가 합의하는 관계 말이다.

(2012. 5.)

바람도 안 부는데 살랑살랑

반세기 전의 시골 풍경들이 떠오른다. 초등학생 때, 아이들은 책보에 책과 필통을 둘둘 말아서 허리나 어깨에 메고 뛰어다녔다. 양철필통 안에서 나는 달그락달그락 소리에 발을 맞추며 흥겨워했다. 어머니가 솜씨 있는 아이들은 사각형의 헝겊 가방을 들고 다니기도 했고, 경제적 여유가 있거나 부모가 젊은 집 아이들은 어깨에 메는 예쁜 가죽 가방을 갖기도 했다. 나는 언니가 쓰던 검은색 헝겊 가방을 대물림 받았다. 옷은 검정색 상하의에 흰 빛깔이 대부분이었다.

여자아이들은 늘 주머니가 불룩했다. 그 속엔 공깃돌 다섯 개가 들어있거나 아니면 고무줄 뭉치가 들어있었다. 고무줄도 귀하던 때라 그것을 소유한 아이의 주변엔 늘 꾼들이 모여들었다. 심지어 긴 고무줄을 가지려고 어머니의 속옷 끈을 빼내어 보태기도 하였다. 쉬는 시간 종소리와 함께 교실 밖으로 튕겨 나가서 즐기던 십 분 동안의 고무줄놀이는 학교생활의 즐거운 활력소가 되었다. 같이 뛰놀던 친구 중에 해숙이가 있었다.

그 친구는 눈이 크고 해맑았다. 눈동자는 약간 서양인처럼 노르스름했고 속눈썹이 길고 갸름한 얼굴에 야윈 편이었다. 말수가 적고 수줍은 성격이었다. 우리는 실과 바늘처럼 뭉쳐 다녔다. 교사 뒤에 있는 언덕 아래 양지쪽은 우리들의 놀이터였다. 고무줄놀이, 공기놀이, 팥주머니 던지기, 땅따먹기 등등 늘 무언가를 하고 놀았다.

그날은 하굣길에 신작로에 깔린 자갈사이로 반짝반짝하는 차돌멩이가 눈에 잡혔다. 우린 손뼉을 치며 그것들을 큰 돌로 깨서 공깃돌로 만들기 시작했다. 우선 크기가 비슷한 것들끼리 모은 다음에 각이 진 곳을 깨어내고 다듬어서 큰 돌에다 대고 문지르면 날카로운 면이 둥글어진다. 최대한 동글게 만들어야 찰싹찰싹 소리가 재밌다. 우리는 말간 공깃돌 두 벌을 주머니에 넣고서야 일어섰다. 사방은 이미 어두워졌고 집에 가는 일이 걱정이었다. 둘은 손을 잡고 엉엉 울어버렸다. 그때 뒤에서 누가 우릴 부르는 소리가 들려왔다.

하루는 편을 갈라 고무줄놀이를 했다. 발목에서부터 시작해서 무릎, 허벅지, 허리, 어깨, 귀, 머리, 한 뼘. 한 팔 쭉 뻗기까지 한 단계씩 올라가서 먼저 끝내면 이기는 것이다. 이렇게 높게 하는 놀이는 그에 따르는 노래도 느리고 씩씩한 행진곡조가 많다. 얕은 단계의 놀이는 빠르고 경쾌한 노래가 대부분이다. 해숙이와 내가 부르던 노래 중에 이런 것이 있었다.

빨간 납작깽이 언니가 전차에 갈려서 납작 쿵
그의 아버지가 나와서 땅을 두드리며 운~다.
멍멍 멍텅구리 왜 울어 바람도 안 부는데 살랑살랑.

지금도 이 노래의 뜻을 정확히 알 수가 없지만, 그때는 더욱 그랬다. 해숙이도 나도 그저 신 나게 부르면서 팔짝팔짝 뛰면서 고무줄을 밟았을 뿐이다. 얼굴이 둥글고 납작하며 혈색이 붉은 언니가 전차에 치여 죽었고, 그의 아버지가 우는 것까지는 짐작이 간다. 문제는 그다음이다. 딸이 죽어서 우는 모습을 보고 멍텅구리니, 살랑살랑이니 하는 건 예의가 아니지 않은가. 그렇지만 이 노래에도 무언가 숨은 뜻이 있으리라, 다만 내가 모를 뿐이라고 생각해 본다. 이런 추억을 공유했던 해숙이가 어느 봄날, 교탁 앞에 서서 모기만 한 소리로 입을 열었다. 엄마를 따라 서울로 이사를 간다고 했다. 분명 꿈을 꾸는 것이 아니었다.

친구가 서울로 떠난 후, 나는 더욱 말수가 줄었다. 늘 마음

한 구석에 해숙이가 있었다. 보고 싶다는 말도 꺼내지 못하면서 그를 보고 싶어 했다. 그런데 교정에 철쭉꽃 봉오리가 부풀어 오르던 봄날 아침, 나는 눈을 의심했다. 꿈에라도 보고 싶던 해숙이가 그 동네 아이들과 운동장에서 놀고 있었다. 일 년만의 해후다. 둘은 서로 말도 잊은 채 멍하니 바라보기만 했다. 달려가서 얼싸안고 펄쩍펄쩍 뛰고 싶었다. 왜 이제 왔느냐고 소리치고 싶었다. 너무 보고 싶어 울었다고 말하고 싶었다. 그러나 바라보기만 할 뿐 가슴만 콩닥거리고 입을 뗄 수가 없었다. 해숙이도 말을 못하고 서 있다. 옆에 아이가 설명했다. 엄마를 따라 서울로 간 뒤, 엄마가 돌아가셨단다. 지금 외삼촌댁에 있는데, 이곳에 너무 가보고 싶어 해서 잠시 데리고 왔다고. 1교시 수업을 알리는 종이 뎅 뎅 뎅 울렸다.

나는 어른이 돼서도 그 꿈을 꿀 때가 있다. 교사 뒤, 양지바른 언덕 아래 친구들과 고무줄을 하며 뛰어노는 꿈이다. 꿈속에서 그리운 얼굴들과 놀고 있다. 나이가 먹었어도 그때처럼 몸이 가볍다. 두 다리는 팔짝팔짝 뛰어오르고 입에선 그 노래가 흘러나온다. '바람도 안 부는데 살랑살랑', 죽은 딸의 넋이 살며시 아버지의 볼을 어루만지는 것은 아니었을지, 소곤소곤 친구들과 이야기도 나눈다. (2011. 11.)

댕댕이 덩굴

누런 바가지 위에 조각된 그림이 그려져 있다. 옹이가 많은 늙은 소나무 아래 옷소매를 걷어붙인 할아버지가 장죽을 물고 한낮의 여유를 즐기고 있다. 그 옆엔 네눈박이 강아지가 낮잠을 자고, 바가지 밑에는 댕댕이 덩굴을 타원형으로 엮어서 받쳐 놓았다. 몇 걸음 물러서서 바라보고 있자니 엮여 있던 댕댕이 덩굴들이 스르르 몸을 풀며, 벽을 타고 기어 내려와 푸른 잎을 매단 채 내 기억 속으로 파고든다.

음력 칠월이 되면 장마가 끝나고 들일도 좀 뜸해진다. 부지런한 어머니는 낫을 챙겨 들고 지난해에 산사태가 났었거나 흙이 무너져 내린 비탈을 찾는다. 그곳에 죽죽 뻗은 댕댕이(댕강) 넝쿨들이 주인을 기다린다. 나무가 많은 산에서 자란 댕댕이는 넝쿨이 오종종하니 매끈하지가 않다. 장애물이 없어야 곧

게 땅 위로 뻗어 간다. 볼펜 심처럼 가늘고 긴 넝쿨은 이때쯤 이면 단단하게 굳어서 질긴 끈으로 변한다. 항우장사도 댕댕이 덩굴에 걸려서 넘어진다고 했듯이.

댕댕이는 한 번 솥에 쪄서 그늘에다 놓는다. 마디마디를 매끈하게 손질을 한 뒤에 길고 날씬한 것과 짧고 뭉툭한 것들을 구분하고, 속대가 모자랄 때를 대비해서 껍질을 벗긴 버들가지와 싸릿가지도 준비한다. 어머니의 손놀림에 따라 거미줄의 중심처럼 원형의 받침대가 생기고 각을 세워서 움직이면 그릇의 형태가 보이기 시작한다. 못난이 넝쿨들은 고른 굵기로 날이 되어서 속으로 묻혀버리고 잘난 넝쿨들은 한 땀 한 땀 그들을 결박한다.

자식들 뒷바라지에 바람 소리 이는 어머니의 주머니 걱정도 집어넣고 엮는다. 참외밭을 점령한 억센 바랭이 풀, 그것들 뽑을 걱정도 집어넣고 엮는다. 방앗간에서 갓 빻아온 햇밀가루를 말랑말랑하게 반죽하여 점심에 홍두깨로 밀어볼 생각도 함께 넣고 꼭꼭 엮는다. 한 줄 한 줄 올라가는 댕댕이바구니는 그렇게 어머니의 고단함을 끌어내어 껴안고 올라간다. 흐르는 땀을 수건으로 훔치며 거친 손과 댕댕이 덩굴이 함께 얽히어 질서 있게 춤을 출 때, 나는 차마 어머니를 부르지 못했다.

부엌 천정에 원형의 그네가 매달려 있다. 껍질을 벗기고 잘 다듬은 굵은 나뭇가지를 둥글게 맞대고 그 위에 가는 새끼줄로 그물처럼 엮어 놓았다. 또 그 위엔 댕댕이바구니가 뚜껑이 덮인 채 몇 개가 얹혀 있다. 냉장고가 없던 시절에 삶은 보리쌀이며 찐 옥수수나 감자등속은 그 바구니 안에 있었다. 바람이 잘 통하는 부엌문의 안쪽 명당에서 댕댕이바구니는 후한 대접을 받았다. 곱고 섬세하게 엮은 것은 반짇고리로도 뽑힌다. 또 떡시루의 밑판으로도 손색이 없다. 하지만 모두가 그렇지는 않다. 싸리 속대와 댕댕이가 엮이면 거친 대접을 받는다. 광주리처럼 무거운 것을 담아내야 한다. 벼도 펴 날라야 하고 흙 묻은 고구마도 안아야 한다.

척박한 팔자로 태어난 댕댕이는 늘 누구를 기다린다. 이파리는 산마를 닮았고 초여름이면 황백색의 꽃을 피워낸다. 가을엔 흑진주를 닮은 열매들이 조르르 매달린다. 줄기와 뿌리를 말리면 '목방기'라는 약재로 태어난다. 그때 어머니는 그 열매를 입에 넣지 말라 하셨는데 독성이 있음을 알고 있었나 보다. 충청도에서 부르는 댕댕이덩굴은 경상도에서는 장태미, 제주도에서는 정당, 또는 정동이라고 부르고 있다. 이제는 문명의 발달 속에 거의 들어 보기 힘들어진 이름이 되었다.

질기고도 질긴 덩굴 댕댕이, 그러나 너무 바짝 마르면 똑똑 부러지는 목질의 습성이 있다. 그것은 작업할 때도 그렇고 사용할 때의 주의점이기도 하다. 씻을 때는 물에 불려서 묻은 음식물을 털어내고 다시 말려서 쓰던 기억이 있다. 습기가 오래 배어도 곰팡이가 잘 핀다. 항상 청결이 앞서야 한다. 그 당시는 바가지도 늘 솔로 씻어 말려 써야 깨끗했다. 자연산 수세미도 그랬다. 지금 나는 그때의 어머니처럼 그리할 수 있을까.

우리나라에는 무형문화재가 다양하게 많다. 갖가지 전통을 지키는 파수꾼들이다. 댕댕이 공예에도 명인이 있다. 제주도에서 내려오는 정동벌립은 농부들이 일할 때 쓰는 챙이 넓은 모자의 일종이다. 그 재료가 댕댕이 덩굴인데 사람의 머리가 푹 들어가게 오목하고, 비와 햇빛을 충분히 가려주는 챙이 있다. 이 모자는 제주 고유의 향토 문화유산이 되었다. 충남 광천 쪽에도 댕댕이 공예의 장인이 있어, 한 올 한 올 엮은 댕댕이제품이 광주리로 바구니로 청자를 닮은 병으로 태어나 소장품으로 모셔진다. 올곧은 성품 탓인지 이 제품들은 만들어 놓으면 변형이 없다고 한다.

거친 땅을 헤매며 생명을 이어온 흔하던 댕댕이가 이제는 귀하신 몸이다. 장인들이 그 넝쿨을 확보하지 못해 어려움을 겪고 있다고 한다. 제주도에서는 넓은 면적에 재배하는 실정이란다. 거칠고 대대로 거름 한 숟가락 얻어먹은 적 없던 댕댕이가 이제는 대접을 받게 되다니. 세월은 모든 것을 바꿔놓고 변화시킨다.

댕댕이 그릇은 벽에 걸어 놓아도 짚으로 만든 멱둥구미처럼 늘어져서 변형이 오지 않는다. 나이를 먹어도 자존심은 대단하다. 거친 환경에서도 최선을 다해 자신을 키운다. 두세 발 정도의 넝쿨 몇 개를 키우기 위해 가뭄과 싸우고 장마를 이겨낸다. 더 단단해지려고 물렁물렁한 삶을 택하지 않았나 보다. 가느다란 진갈색의 줄이 말을 한다. 매사에 군더더기 없이 단단하고 알차게 살라고.

바가지 공예품을 받치고 있는 그 넝쿨이 본래의 모습으로 돌아왔다. 자연 그대로의 색으로. 어머니의 색이기도 하다. 물논배미 위에 떠 있는 빛바랜 우렁이 껍데기처럼, 진기가 다 빠져버린 어머니의 굽은 등이 푸르던 날의 끄나풀 하나를 잡고 있다. 몸도 마음도 모두 자식 위해 바쳐지고 꾹 누르면 부서져버릴 것처럼 사위어 있다. 오뉴월의 폭염을 견뎌내고 긴 장마와 엄동설한도 두렵지 않던 그가, 구부러진 손가락과 희미해진 시력으로 '참을 인자'를 엮고 있다. 넝쿨 말린 것을 쿡쿡 찔러 엮어내는 손목과 곧추세우고 앉아있는 두 정강이가 인내하는 댕댕이를 닮아 있던 모습이 떠오른다.

어머니가 마지막 솜씨로 남겨준 댕댕이 받침이 바가지 뒤로 숨어 있다. 어머니가 그때 하던 것처럼 그것을 내려서 물에 씻어본다. 그리고 바람에 바짝 말린다. 솔에 기름을 묻혀서 그 위에 고루고루 펴 발라본다. 댕댕이의 색깔이 한결 살아나고 긴 세월이 뒤로 돌아간 듯 나를 보고 환하게 웃는다.

(2009. 12.)

가장 예쁜 추억의 옷

유리창에 하얀 성에 꽃이 그림을 그리던 날, 그리운 사람이 보낸 선물처럼 동백꽃이 활짝 피었다. 손바닥에 꽉 차는 꽃송이가 속속들이 붉은 잎으로 빈틈이 없다. 한 손에 가볍게 들고 왔던 어린나무가 푸른 잎을 무성하게 키워내더니 드디어 붉은 꽃을 터트렸다. 꽃을 피우는 것보다 더 아름다운 일이 또 있을까. 한겨울에 핀 붉은 꽃을 좇아 한 생각 한 걸음 더듬다 보니 나는 어디론가 가고 있다.

발등에 두 개의 흰 가로줄이 있는 까만 운동화가 아이들의 마음을 들뜨게 한 적이 있다. 그리고 빨간색 나일론 잠바가 선망의 대상이 되어 너나없이 어머니를 졸라댄 적이 있었다. 나일론사가 처음으로 우리나라에 들어올 무렵이니 족히 오십 년 전 이야기다.

서울에서 회사 다닌다는 아버지를 둔 숙이가 동백꽃처럼 빨간 나일론 잠바를 입고 학교에 왔다. 아이들은 우르르 몰려가 옷을 만져보고 예쁘다며 한없이 부러워했다. 방과 후 집에 들어서자마자 난 어머니를 졸라댔다. 조르는 버릇을 제일 싫어하던 어머니가 딸의 속내를 읽었는지, 다음 장날엔 꼭 사다 주마고 약속을 했다. 닷새마다 서는 온양 장날이 왜 그렇게 길게 느껴지던지 매일 달력을 보면서 손을 꼽았다. 장날에는 쌀이나 잡곡을 내다 팔아야 현금이 된다.

마침내 장날 아침 눈을 뜨자마자 문을 박차고 마루로 나왔더니 앞마당이나 지붕이 온통 하얗다. 하늘에선 주먹만 한 눈송이가 펑펑 쏟아진다. 어머니가 한마디 하신다. "오늘은 일요일이라 너를 데리고 장 구경을 갈까 했는데 아무래도 눈이 많이 쌓여서 길이 막힐 것이니 가기가 힘들겠구나."

그때의 실망감이라니…. 그날은 너무 속이 상해 쪼그리고 앉아서 온종일 눈이 그치기만 기다리다가 하루해를 보냈다.

또 닷새가 지나고, 어머니가 장을 봐 온 보따리를 풀어 놓으셨다. 나는 급한 마음에 뒤적거려 보았지만 빨강 잠바는 어디에도 보이지 않았다. 어머니는 내 이름을 부른 뒤 이것이 더 예쁘지 않으냐며 두툼한 파란색 스웨터를 내놓고 입어보라 하였다. 오늘 장에는 아무리 봐도 빨강 잠바가 없어서 이걸 사왔다고 했다. 나는 부풀어 오른 입을 풀지 못한 채 그날 잠자리에 들었다.

다음날 시무룩한 얼굴로 파랑 스웨터를 입고 학교에 갔다. 교실에 들어서니 내 뒤에 앉는 선주가 예의 그 잠바를 입고 왔다. 어제 장에서 엄마가 사왔단다. 나도 모르게 심술보가 꿈틀했다.

"너는 그게 뭐니? 빨간색이 너한테는 어울리지도 않는다. 얘. 꼭 뭐하고 같다. 흥!"

선주도 화가 나서 같이 대들었다. 둘이 말싸움을 하다가 앞으로는 너랑 말 안 한다며 서로 토라져 버렸다. 교실이나 복도에서 만나도 서로 얼굴을 돌리고 모른 척했다.

그해 겨울은 그렇게 가 선주랑 나는 졸업을 했고, 각각 다른 중학교로 진학하였다. 시간이 흐른 뒤에 선주를 만나면 내 진심이 그게 아니었다고 사과하고 싶었지만 그땐 전화도 없고 찾아갈 용기도 없어 가슴 한구석에 빨간 추억으로 묻어놓았다. 무심한 세월은 어느새 나를 오십 고개 위로 밀어 올렸다.

초등학교 동창회가 결성되고 얼마 되지 않았을 때라서 한 친구라도 찾기만 하면 서로 연락을 주고 전화로 반가움을 나누곤 했었다. 그날 저녁에 전화벨이 울렸다. 느긋한 시간이라 친구와 한없이 수다를 떨다 보니 문득 선주 생각이 났다. 그 친구에게 물어서 받은 숫자 열 개를 정성 들여 꼭꼭 힘주어 눌렀다. 수화기 저쪽에서 목소리가 들려온다. 나 아무개인데 기억하고 있냐고 조심스레 물었더니 그쪽에서 까르르 웃으며 말을 받는다. 널 어떻게 잊어버리겠냐고 맞장구를 친다. 세월은 흘러 겉모양은 변했지만 추억만은 진한 노을빛으로 남아 있었다.

얼음이 꽁꽁 어는 한겨울에 피어나 소리치는 동백꽃도 사랑스럽다. 유월의 푸름 속에 군림하는 빨강 장미도 좋다. 가을 저녁에 바라보는 붉은 단풍도 어찌 아름답지 않을까. 모든 붉은색에는 왠지 정감이 간다.

도시의 거리를 걷다가 옷가게 진열장에 걸린 상품들을 보는 것도 재미가 있다. 눈에 끌리는 것이 있으면 오래 바라보게 된다. 옷감의 종류와 질도 이제는 아주 우수해졌다. 디자인도 세계수준이다. 날씬하고 어여쁜 마네킹이 빨간색의 세련된 캐시미어 반코트를 입고 맵시를 뽐내고 있다. 나는 마음속으로 살며시 그 옆에 가서 서 본다.

어린 시절, 특별히 모양이 예쁘진 않았지만 솜이 두툼하고 겉감이 얇았던 빨간색의 나일론 잠바는 이제 시장에서 찾아볼 수가 없다. 요즘 아이들이라면 그리 좋아하지 않을 것이다. 허리선이 두루뭉술하게 생겼기 때문이다. 그래도 내 기억 속에는 몹시 입고 싶었던 가장 예쁜 추억의 옷으로 남아 있다.

맷돌

드르륵드르륵 돌아가는 소리만 들어도 그 속에서 갈리고 있는 곡식의 종류를 짐작할 수가 있다. 단단한 날팥이나 녹두를 탈 때에는 소리가 크고 요란하기 이를 데가 없다. 반면에 볶은 쌀이나 밀, 수수를 곱게 갈아낼 때는 소리가 온화하다. 거칠게 뱉어낼 때는 한 주먹씩 아가리에 붓는다. 고운 가루를 만들어야 할 때는 밭에 배추씨 뿌리듯이 살짝살짝 넣었다. 그렇게 완급緩急을 조절해 가며 오름실댁 그녀는 맷돌을 잘도 다뤘다. 볶은 콩을 쪼개서 거피를 할 때면 그것들은 툴툴거리며 깨진 쪼가리들을 사방으로 뱉어냈다. 마치 화난 사람이 분풀이 하듯이. 반대로 고운 가루를 갈아낼 때는 사뿐사뿐 유순하게도 돌아간다. 무대 위에서 춤을 추는 발레리나의 느린 회전동작처럼 말이다.

장마 때가 되면 밭의 강낭콩은 실하게 여문다. 자칫 수확할 때를 놓치면 금세 하얀 혀를 내밀며 촉을 틔운다. 부지런한 그녀는 마루에 맷방석을 깔고 맷돌을 앉힌다. 한 팔은 손잡이를 잡고 천천히 돌리고 한 손으론 호밀을 집어넣는데 묵언 수행자가 따로 없다. 그 일에 한참을 몰두하다 보면 원하는 만큼의 가루가 쌓인다. 그것을 체로 쳐 내리고 강낭콩과 버무려서 간을 맞추어 반죽하고 채반에 얇게 펴서 가마솥에 쪄내면 그것이 맷돌표 원조 개떡이다.

언젠가 떠난 피서길에 산장에 들른 적이 있었다. 소나무와 정자나무가 어우러진 개울물을 건너자 갑자기 서늘해졌다. 체감온도가 벌써 다르다. 계단을 조금 오르자 맑은 도랑이 마중을 나온다. 그것을 따라 한 귀퉁이에 이르니 돌 틈에서 흘러내리는 물이 예사롭지가 않다. 그 물은 둥근 돌을 다듬고 파낸 큰 원형의 샘을 가득 채우고 중간 샘, 그리고 마지막 작은 샘을 지나서 땅을 적시며 흐르고 있었다. 물기 머금은 샘가엔 꽃들이 너도나도 모여 있는데 금방 석공의 손을 빠져나온 듯한 물건들이 징검다리처럼 놓여 있었다. 맷돌이다. 암 수쇠가 없이 모양만을 본떠서 만들어 놓았다. 곡식을 아예 한 번도 갈아보지 않은 표정이다. 요즘 젊은이들이 맷돌의 역할을 알 길이 없다. 장식용으로 오해하지 않을까 걱정이 된다.

산장의 샘가에서 놀고 있는 맷돌들은 해야 할 일과 해온 기억을 잊어버렸다. 자신의 몸에 있어야 할 손잡이와 암 수쇠의 존재와 조상들의 얘기도 잊어버렸다. 보는 이의 시각에 따라 죽기도 하고 살기도 하는 돌멩이가 되어버렸다. 신 나게 돌아가면서 그녀의 솜씨를 뒷받침해 주던 대접받던 돌이 아니다. 솔뿌리 솔로 털고 때 묻을세라 보자기를 씌워놓던 돌이 아니다. 흐르는 물가에 가지런히 놓여 색다른 기능으로 사람들의 시선을 붙드는 게 그것들의 현실이다.

어릴 적에 맷돌 앞에 앉아 큰소리를 치며 어처구니를 두 손으로 잡고 힘껏 돌린 적이 있었다. 오름실댁은 슬쩍슬쩍 그 입에다 메밀을 일정하게 넣었다. 나는 영문도 모르고 더 많이 넣으라고 주문을 했다. 그녀는 말없이 두 손으로 한 움큼을 덥석 부었다. 그러자 하얗던 가루 위에 거뭇한 껍질과 덜 갈린 그것들이 거칠게 떨어졌다. 나는 급히 속도를 줄였다. 그녀는 묵묵히 한 켜를 다시 걷어서 천천히 처음 속도로 넣었다. 이번엔 손바닥과 팔이 아파오기 시작했다. 얼굴은 벌겋게 달아오르고 입에선 신음이 새어 나왔다.

그러나 오름실댁은 맷돌 자루를 손안에서 자유롭게 했다. 숨이 막히게 꽉 잡지도 않았고 팔에 별로 힘을 넣지도 않았다. 돌이 돌아가는 속도에 한 번씩 채찍질할 뿐이었다. 맷돌의 움직임을 훤히 알고 있었고 그 운동과 혼연일체가 되어 즐기고 있는 듯이 보였다. 그 무거운 돌을 천하장사처럼 여유 있게 다루고 있었다. 늘 부지런하여 걸음마다 바람 소리가 났던 그녀가 맷돌 앞에만 앉으면 그렇게 침착할 수가 없었다.

전주에 가면 한옥마을이 있다. 마을 사이마다 걷기 좋은 거리가 있는데, 옛 물건들도 구경하며 기와집도 감상했다. 깨끗한 돌로 깐 실개천이 발 옆으로 흐르니 기분도 상쾌하다. 물을 따라 걷다 보면 어느덧 상류다. 거기서 나도 모르게 손뼉을 딱 쳤다. 실개천의 발원은 적당한 크기의 맷돌이었다. 빙글빙글 혼자 돌고 있는 맷돌은 자동이었다. 곡식을 뱉어내던 옆구리로 시원시원하게 물을 갈아내고 있었다. 한 가정의 음식을 도와주던 맷돌의 한계를 거뜬히 뛰어넘은 모습이었다.

나는 지금, 옛집 마당 한구석에 먼지를 뒤집어쓴 낡은 맷돌 하나를 마주하고 있다. 볼품이 없어 식구들이 애지중지하진 않았어도 맏며느리처럼 군소리 없이 오랜 세월 맡은 일을 묵묵히 해내던 오름실댁의 맷돌. 그것을 돌리는 일을 자식들은 대를 잇지 못했다. 도시로 나간 자식들은 맷돌을 필요로 하지 않았다. 그것을 번쩍 들어 아래위 짝을 맞추고 흔들거리는 손잡이를 천천히 돌려본다. 뻑뻑해서 멈춰 버리는 맷돌 위에 손가락으로 글씨를 써 본다. 그리운 이름 오름실댁, 내 어머니 함자를. (2011. 8.)

바람골 겨울나무

동네에서 수리사 가는 길을 걷다 보면 초입에 바람골이 나온다. 정자도 있고 벤치도 있어 잠시 쉬어가기 안성맞춤이다. 쌀쌀한 겨울의 한낮에 두꺼운 외투를 걸치고 그곳을 향한다. 봄과 여름, 그리고 가을 등 수없이 오가던 사람들의 발길이 뜸하다. 산악자전거를 타고 올라와 울퉁불퉁한 건각을 자랑하던 젊은이들도 보이지 않는다. 사철 변함없는 것은 골짜기 사이로 불어오는 바람 소리뿐이다. 세 갈래길 바람골에는 어떤 바람이든 늘 불어와 이름값을 한다.

벤치에 앉아 바라보는 겨울 산은 침묵 속에 심호흡하고 있다. 앙상한 상수리나무들이 말을 걸어온다. 소박했던 한해살이를 끝내고 모든 걸 필요한 곳으로 보내 주었다. 다음 해를 위해 땅속뿌리를 보살피는 중이다. 지난여름의 풍성했던 기억들을 잠재우고 침묵하는 땅 속의 이야기에 귀를 기울이고 있다.

바람골의 겨울나무들은 휴식을 가장하여 엄청난 훈련을 하고 있다. 온몸을 벌거벗은 채 냉풍욕을 하며 몸을 만들고 있다. 헬스클럽에서 땀 흘리며 근육을 단련하는 보디빌더처럼 겨울 한풍에 온몸을 단련시킨다.

대개 운동을 하게 된 이유를 선수들에게 물어보면 어려서 몸이 약해서라고 대답들을 많이 한다. 규칙적인 훈련으로 몸을 만들 수 있기 때문이다. 바람골의 겨울나무들은 선택이 아니고 필수다. 살아남기 위해서 겨울 훈련을 한다. 사방에서 몰아치는 바람의 도전을 피할 수가 없다. 이곳의 나무들은 24시간 운동을 한다. 그래야만 바람골의 나무로서 살아갈 수가 있다. 단단한 근육엔 주먹이 튕겨 나오듯, 나무들도 그렇게 푸른 계절의 무법자들을 막아내고자 겨울 운동을 쉬지 않나 보다. 바람이든 눈이든 추울수록 나무들은 훈련의 강도를 높인다. 보디빌더가 무대에서 멋진 자세로 사람들의 박수갈채를 받듯이 바람골의 겨울나무도 내년 여름의 멋진 무대를 꿈꾸고 있다.

겨울나무들은 침묵으로 말을 하고 있다. 잠을 자는 것도 아니고 게으른 것도 아니다. 부지런히 움직이고 있다. 지나간 계절, 푸르게 혹은 붉게 자신을 치장했던 과거들을 훌훌 벗어던지고 가장 진솔하게 말없이 수다를 떨고 있다. 일 년에 한 번 겨울만이라도 솔직한 모습으로 산속의 친구들에게 마음을 연다. 허공에도 귀를 열고 날아든 박새에게도 다정한 인사를 한다. 사람도 목욕탕에서 만나면 서로 허물이 없듯이, 겨울나무의 순수가 아름답게 느껴진다.

겨울 산 나무들을 살펴보면 주인 나무에 객이 얹혀사는 모습도 볼 수가 있다. 키가 큰 나무에 칡넝쿨이 사람을 휘감은 아나콘다처럼 똬리를 틀고 목을 향해 기어오르다가 멈춰 있다. 그들이 살아가는 모습을 보면 나무와 덩굴의 입장을 알 수가 있다. 산은 나무가 주인이다. 덩굴은 아무리 발버둥쳐봐도 큰 숲의 주인이 될 수 없다. 그러나 나무는 덩굴을 탓하지 않는다. 자신이 덩굴 때문에 한낱 땔감으로 전락할지라도 원망하지 않으며, 다시 누군가를 이롭게 하는 불꽃으로 승화한다.

나무들은 씨앗을 땅에 떨궈 놓기만 한다. 일부러 흙을 파고 심지도 않는다. 그저 스스로의 운명에 맡기고 때를 기다릴 뿐이다. 싹이 늦게 나온다고 노심초사하지도 않는다. 새가 물어가도 사람이 주워가도 묵묵히 그 자리에 있다. 마음이 한결같으니 사람처럼 시비에 휩싸이지 않는다.

겨울나무를 바라보고 있으면 담백한 삶을 살아가는 현자의 모습을 보는 듯하다. 모든 집착을 놓아 버려 걸림이 없는 자유인을 보는 듯하다. 속이 단단하면서도 겉으론 드러나지 않으며, 혹한의 시련 앞에서도 흐트러지지 않는다. 분신 같은 잎과 열매를 나눠 주면서도 늘 낯빛이 한결같다. 이웃의 잘못을 나무라지 않으며, 늘 높은 곳을 꿈꾸며 하늘을 본다. 그래서일까, 큰 참나무 밑에 서면 군자의 넉넉한 향기가 풍겨온다. 속이 깊은 사람이 옆에 있으면 보기만 해도 마음 편안해지듯 바람골의 겨울 참나무들이 그렇다.

겨울 참나무 위에 빈 까치집 하나가 주인을 기다린다. 들리지 않는 말로 누구와 대화를 한다. 바람에 부딪히는 잔가지의 두런거림이 침묵을 깨뜨리고 있다. 지난봄, 이 집에서 새끼를 친 까치는 옛집을 기억하고 찾아올 것이다. 사람도 고향을 잊지 못한다. 아무리 멀고 먼 곳이라도 잊을 수는 없다. 까치는 다시 집을 수리하고 알을 품을 것이다. 바람골의 겨울나무에게도 봄은 다시 온다. 단련한 몸매로, 벌거벗었던 순수로, 자유로, 변치 않는 이타심으로 새싹을 틔울 것이다. 보람 있고 아름다운 한 해를 가꾸어 갈 준비를 추위 속에서 빈틈없이 하고 있다. 속이 꽉 찬 사람처럼.

(2009. 1.)

연꽃 향기

삼복 뙤약볕 속에 손님을 초대하는 이가 있다. 겨우내 캄캄한 진흙 속에 숨어 있다가 봄볕에 조심스레 고개를 든다. 물속으로 삐죽이 뻗어 오르는 모가지엔 이름도 성도 찾을 수가 없다. 수면으로 고개를 내밀 땐 파문을 일으키며 참았던 숨을 길게 내쉰다. 큰 손바닥 활짝 펼치며 그들의 야단법석은 시작된다.

요즘 여기저기 연밭이 있고 축제도 많이 열린다. 가까운 곳에 관곡지가 있다. 조선 중기 강희맹이라는 농학자가 중국에 가서 연 씨를 구해와 심었다고 하는 곳이다. 이곳을 시작으로 끝이 안 보이는 푸른 연밭이 갖가지의 표정으로 손짓한다. 품종에 따라 의상도 다르고 얼굴도 다르다. 그러나 한 가지 같은 품성을 가졌다. 따스하고 고귀한 미소에 수려하며 자애롭기까지 하다. 이런 연꽃은 보는 이에게 눈, 코, 입, 귀와 마음을 깨끗하게 해 주는 청정행을 베풀고 있다.

꽃줄기 속은 텅 빈 파이프와 같다. 그 구멍은 땅속뿌리와 통한다. 진흙 속 뿌리는 긴 줄기로 양분을 올려주어 이파리의 품위를 지켜준다. 넓은 잎은 동화 작용을 통해 뿌리의 안전한 성장을 돕는다. 서로 다독이며 아름다운 수행을 쌓고 인가를 받으면 태양은 그들을 구품 연대로 인도한다.

연의 목 줄기에는 잔가시가 돋아나 있다. 무엇을 거부하는 것일까? 방어하려는 것일까? 아니다. 상대를 보살피려는 것이 분명하다. 연꽃을 꺾으려 하는 욕심을 빨리 깨닫게 해 준다. 그 위를 지나는 바람도 그렇게 놓으라고 속삭인다. 무욕의 경지로 어서 들어오라고 꽃은 손짓한다. 날개 펴고 비행하는 생명도, 물속에 헤엄치는 친구들도, 카메라 셔터를 눌러대는 우리도 연꽃부처의 설법에 초대받은 귀빈들이다.

그 꽃은 연못에만 피는 걸까. 하루는 가까운 친구가 나를 불러냈다. 무슨 하소연이 있나 보다 싶어 들어줄 요량으로 가볍게 나섰다. 마주 앉아 찻잔을 반이나 비워도 말이 없다. 혹시 중병이라도? 하는 생각에 가슴이 덜컹했다. 잠시 후 그 친구가 담담하게 입을 열기 시작한다.

"내가 지금 남편과 두 아이를 설득시켜 놓고 나오는 길이야.

내가 죽기 전후에 꼭 '생명 나눔 실천본부'에 연락해서 내 뜻을 펼치고 갈 수 있도록 해 달라고 부탁했어. 큰딸은 엄마를 두 번 죽게 할 수 없다고 펄펄 뛰었지만 잘 얘길 했어. 가족들한테 고맙다는 말을 했어. 내가 세상에 와서 특별히 남다르게 좋은 일 한 것도 없는데, 부모가 주신 내 몸뚱이라도 잘 관리하고 살다가, 꼭 필요한 사람에게 나눠주고 가면 다행이지 않을까 싶어서, 등록했어."

친구의 목소리는 연잎에 굴러가는 이슬보다 맑고 잔잔하다. 얘기를 듣고 나니 가슴이 뭉클하고 부끄러운 생각이 들었다.

사람은 자신의 어려움을 푸념하는 데 익숙해져 있다. 남보다 내 걱정만 앞세우며 나이를 먹은 나에게, 친구의 선택은 새로운 향기로 연꽃처럼 다가왔다. 두리두리하고 멋을 낼 줄도 모르며 늘 평범해서 수면 위로 떠오르지 않던 친구다. 언제나 모임에서도 있는 듯 없는 듯 조용했다. 늘 너희와 만난 것이 행운이라고 말하는 친구다. 그녀에게도 연꽃처럼 보이지 않게 인내하며 내공을 쌓는 시간이 있었을 것이다. 기다리다 때가 되면 가장 깨끗한 향을 퍼뜨리듯이.

아름다운 향기를 내뿜는 연꽃이 더 사랑받는 이유는 온몸을 고루고루 필요한 자에게 아낌없이 주는 데 있지 않을까. 연잎의 향을 필요로 하는 사람에겐 연잎차와 연엽주가 되어 준다.

연실의 맛을 취하는 자에겐 연자죽이 되어 주고, 연방의 미를 탐하는 꽃 디자이너에겐 그 몸을 내어 준다. 내 몸을 다른 이에게 나누어 주는 것보다 더 큰 사랑이 있을까. 내 몸속의 부속들이 내 몸을 떠나 다른 생명을 살릴 수 있다면 죽어도 사는 법이 그것이 아닐까.

연꽃 씨앗은 오랜 세월이 흐른 후에도 싹이 트는 강한 힘이 있다고 한다. 아낌없이 주고받는 생명들, 그래서 더 오래 버틸 수 있는 기적의 힘이 생길 수 있는 것은 아닌지. 친구의 큰 결심은 연약한 그 모습에선 감 잡을 수가 없었다. 조용하면서도 우아한 연꽃이 세상을 흔들어 깨우듯이 친구의 아름다운 결심도 연꽃의 향기처럼 은은하게 퍼져갈 것이다.

뙤약볕 아래 손 모자를 쓰고 연꽃 부처의 설법을 들으며 둑길을 걸어 본다. 초대한 손님을 위해 깔아놓은 녹색의 풀 양탄자 위엔, 너와 내가 둘이 아닌 이유를 찾으라고 당부하며 그가 자애로운 미소를 띠고 앉아 있다. 오늘 향기로운 이들이 모인 야단법석에 함께 한 우리도, 몸과 마음에 그 은은한 향이 스며들어 오래 머물렀으면 좋겠다.

(2008. 7.)

양귀비꽃

쑥갓을 닮은 이파리를 가진 양귀비를 처음 본 건 우연이었다. 봄에 채소 씨앗을 뿌렸는데 잎의 모양이 남다른 것 하나가 싹을 틔웠다. 그것은 외톨이가 되어 혼자서 속잎을 키우고 줄기가 굵어지며 제법 튼실해졌다. 봄의 기운이 무르익을 때 외톨이의 모습에 변화가 왔다. 몸통이 굵어지고 미끈한 줄기에 긴 목이 생겨났다. 그것은 비밀스러운 사연을 간직한 여인의 모습으로 내게 다가왔다.

갸름하고 동근 머리가 수줍게 고개를 살짝 숙인다. 숙인 머리가 점점 가슴에 닿을 정도로 디귿형으로 무게를 더한다. 몸통 마디마디에 새 가지를 치고 그 목에 또 머리가 생겨난다. 모두가 조용히 시간을 보낸다. 그것은 세상에서 가장 겸허한 자세로 다소곳이 서 있어 보는 이의 마음을 숙연케 한다.

태양이 뜨거워지면 그녀의 몸에 에너지가 정수리로 역류하는 때가 찾아온다. 나이는 스물한 살쯤, 젊은 피가 요동칠 때면 그 떨림을 누르지 못하고 머리는 하늘을 향해 꼿꼿이 일어선다. 힘을 준 목과 머리는 그녀의 생애에서 절대 다시 숙이는 법이 없다. 분출되는 그녀의 정열은 꽃봉오리를 풍선처럼 터트린다. 꽃을 감싸던 표피는 탄피가 되어 튕겨 나가고 새빨간 네 개의 꽃잎이 함박웃음을 터트린다. 꽃잎 아래쪽엔 인고의 흔적 같은 검붉은 낙인이 찍혀있다. 그녀는 세상을 향해 짧은 생의 각혈처럼 진한 호소를 던지며 요염하게 웃고 있다. 가장 놀라운 변신의 꿈을 꾸고 있으면서도 그것을 감추는 방법을 너무도 잘 알고 있는 것이었다.

푸른 바람이 그녀를 희롱한다. 한 겹 비단 치마가 펄럭 접혀 올라간다. 속옷이 보인다. 품위를 잃지 않으려고 절차대로 내의를 갖춰 입고 있다. 그 당당한 표정에 바람은 무안해서 도망친다. 세상을 향해 이틀밖에 미소 짓지 못하는 그녀, 첫째 날 해가 설핏해지면 대합조개가 살포시 입을 다물듯이, 아니면 두 손바닥을 합장하듯이 꽃잎을 오므린 채 첫날밤의 임을 기다린다.

그녀를 바라보고 있으면 가슴이 저리다. 붉고 강렬한 눈빛을 감당하기가 벅차다. 주저리주저리 눈물 되어 흘러내리는 그녀의 짧은 생의 통한을, 내 가슴으로 받아 내기가 버겹다. 붉은 빛이 망치가 되어 쾅쾅 가슴을 때린다. 숨을 고른 뒤에 시선을 허공으로 돌려본다. 어느 시인이 말했던가. "가까이 다가서면 관능이요, 물러서면 슬픔이라."고. 아름다움도 지나치면 두려움이 되고 고통이 된다.

밤이 지나고 아침 해가 떠오르면 그녀는 다시 우아한 모습으로 단장하고 세상과 이별을 준비한다. 흐트러지지 않는 도도한 자세로 아직 접지도 않은 붉은 꿈들을 급하게 확~ 허공에 던져 보낸다. 부귀와 영화의 화려한 날들을 미련 없이 떨쳐 보낸다. 못다 한 얘기와 비밀들은 초록의 궁전에 꼭꼭 숨겨놓았다. 삼장법사의 두상을 닮은 그녀의 비밀 궁전은 신비스럽다. 초록의 둥근 지붕을 연보라색의 꽃술로 둘러싸고 그 위에 연한 미색의 꽃가루를 솔솔 뿌려 놓았다. 그 비밀궁전 속에는 그녀의 사랑과 한이 세월을 거슬러 올라가 있다. 수많은 사연을 끌어다가 새까맣게 셀 수 없는 씨앗들을 만들고 있다. 그 궁전에는 때가 되어야만 열리는 자동의 문이 있다. 비밀의 씨앗들이 새까맣게 여물면 손가락으로 툭 건드리기만 해도 문이 스르르 열리어 까만 비밀들을 쏟아 놓는다.

화려했던 날은 가고 본연의 자리로 다시 돌아왔다. 눈길 한번 주는 이 없는 시간 속으로 돌아와 서 있다. 인내하고 겸손

해야 하는 침묵의 시간 속으로 말이다. 앙상한 줄기에 모든 회한 묻어 놓고 동그란 희망 하나 머리에 얹고 서 있다. 단 이틀의 화려함을 위해 나머지의 시간을 인내해야 하는 양귀비꽃. 그 도도함과 불타는 자존심은 무엇으로 대신할 수 있단 말인가.

(2008. 6.)

3.

금어金魚 용해당

시골의 외딴 기와집 대청에 하얀 모시 바지저고리를 입은 육십 대 노인이 부채를 들고 앉아 있다. 유달리 흰 피부를 지녔다. 갸름한 외모에 마르고 키가 좀 큰 편이다. 농사를 짓는 농부의 모습은 아니다. 초여름 농번기에 식구들이 모두 들에 나가면 빈집에서 홀로 파적破寂을 하는 모습이다. 그런 모습도 잠깐이다. 바람처럼 훌쩍 떠났다가 계절이 바뀌면 다시 집에 돌아오신다.

뒷간에 어린 애환

정갈하고 아름다운 병산서원을 구석구석 돌아보고 나오는 길, 목백일홍이 꽃망울을 터트리며 노래하는 곳에 작은 집 아닌 집이 눈에 들어왔다. 타다 남은 모기향의 중심을 닮은 듯도 하고, 낮은 원통의 이음새 한 부분을 안으로 힘을 주어 밀어 넣은 것 같기도 하다. 토담을 만들 듯 흙벽돌과 돌멩이와 황토로 두툼하게 돌려 쌓았다. 담 위엔 짚으로 이엉을 엮어서 둘러쳐 놓았다. 밖에 외톨이처럼 서 있는 아리송한 모습이 궁금하다.

도시의 회전문을 들어가듯 몸을 틀어서 들어가 본다. 원형의 바닥에 안정감이 있는 통나무 널빤지가 두 쪽 깔려 있다. 중앙엔 둥근 구멍이 넉넉하게 뚫려 있다. 분명히 뒷간이다. 이쪽 말로 '통시'라는 곳. 양반들의 화장실은 기와지붕에 근사한 문이 달려 있다. 배변 시에도 느긋하게 외부의 간섭을 받지 않게 되어 있다.

하지만 통시를 사용하는 머슴들은 늘 동동거리며 뛰어 다닌다. 뒷간 일도 빨리 봐야 한다. 비라도 오는 날은 마음이 더욱 급하다. 문이 없어 발걸음 소리가 나면 헛기침으로 신호를 보내야 한다. 머슴들은 언제 편한 시간이 주어질까. 잠자리에 드는 시간이다. 하루 일을 끝내고 노곤한 몸을 누이기 전에 뒷간을 다녀온다. 낮과는 달리 여유가 있는 시간이다. 두 쪽 널빤지에 올라앉아 하늘을 본다. 가을밤 달 밝은 하늘에 별자리를 따라가 보기도 하고, 재 너머 두고 온 늙은 어미 생각에 눈물도 글썽해졌겠지. 보름달 속에 떠오르는 곱단이 얼굴에 해죽이 웃어보기도 했을 터이고.

복종을 미덕으로 알고 살아가는 머슴들이지만 왜 가슴 막히는 일이 없었으랴. 지붕 없는 공간 통시는 시원하게 아래로 배설하는 장소이다. 더불어 하늘을 향해 가슴속에 맺힌 한을 풀어 올리는 곳이기도 하다. 투박한 엽궐련에 거친 연기를 깊이 빨아 뱉어내다가 속이 후련해질 때쯤, 동네 개 짖는 소리가 들리면 허리춤을 추켜올렸겠지.

통시에 문이 없고 지붕이 없는 까닭을 생각해 본다. 머슴들은 양반들처럼 굳이 체면치레하지 않는다. 복장도 간편하고 항상 바쁘게 일을 해야 한다. 양반들 처지에서 보면 모든 걸 절약 차원에서 만들지 않았을까. 문이 없으니 열고 닫는 시간도 절약이다. 지붕이 없으니 눈비를 피해 오래 앉아 있을 수가 없다. 머슴이 뒷간에서 헛시간 보내는 것을 방지하기 위함이 아닐까 싶다.

우리 민족의 삶 속에서 통시의 또 다른 모습을 찾아본다. 바다 건너 제주에도 통시 문화가 내려오고 있다. 돌로 담을 둘러쳐 놓고 그 안에 까만 돼지를 몇 마리 기른다. 돼지가 들어가서 자는 곳에는 짚으로 이엉을 엮어서 지붕을 둘러쳐 준다. 사람이 대변을 보는 통시에는 지붕이 없다. 돌로 쌓은 담 옆 높은 곳에 팡돌을 두 장 깔고 그 위에 사람이 올라가 대변을 본다. 그때 돼지들은 기다렸다는 듯이 달려와서 먹어 치운다. 뒷간과 돼지 막이 공존하는 공간이다.

중종 15년 이곳으로 유배 온 '김정'의 《제주 풍토록》에보면 제주에는 "벼슬아치 외에는 집에 온돌이 없었다."라고 한다. 미루어 볼 때 제주 사람들의 척박했던 삶과 주거문화를 짐작하게 한다. 그러다 보니 돼지와 사람이 함께 주고받으며 사는, 이런 통시가 자연스럽게 이루어진 듯하다.

안동 병산서원의 통시를 통해 조선 시대 반상의 뒷간 문화의 차별을 새삼 느껴 본다. 요즘 화장실 문화는 어떻게 달라졌을까. 화장실에서 반상의 구분은 자취를 감추었다. 상상을 초월하는 발전이다. 가는 곳마다 청결하고 아름답고 향기롭기까지 하다. 외국에서는 황금으로 된 화장실도 있다 하니 놀랍기만 하다. 가는 곳마다 깨끗한 화장실이 우릴 기다린다. 이제는 여인들이 화장을 고치고 누구나 편하게 볼일을 보는 장소로 변신하였다.

문도 없고 지붕도 없이, 고단한 머슴들의 걱정을 풀어주던 병산서원의 통시가 봄볕 아래 조용히 서 있다. 기나긴 세월의 흐름이 그 뒷간을 편안히 바라볼 수 있게 해준 것이다. 누구나 들어가도 좋고 주변에 꽃나무가 늘어서 있어도 어색하지가 않다. 오히려 편안하고 아름다운 모습이다. 지난 세월 모진 시간 겪어낸 뒤에 오는 곰삭은 여유로움이 느껴진다.

(2008. 7.)

카불의 그해 겨울

—할레드 호세이니의 《연을 쫓는 아이》를 읽고

결단을 내릴 단 한 번의 마지막 기회였다. 내가 어떤 인간이 될 것인지를 결정할 단 한 번의 최종적인 기회였다. 골목으로 걸어가서—과거에 일이 있을 때마다 하산이 내 편을 들어줬던 것처럼—하산의 편을 들어주고 나한테 일어날 수 있는 일들을 기꺼이 받아들이거나 아니면 도망치거나 둘 중 하나를 선택해야 했다. 결국 나는 도망쳤다.

누구에게나 어린 시절은 있다. 하여 그때를 뒤돌아보면 잊지 못할 친구가 떠오르기 마련이다. 그것이 특별히 아픈 인연이라면 더욱 그렇다. 아프카니스탄의 소년 아미르와 하산이 그랬다. 붉은 석류가 주렁주렁 매달린 언덕, 그 그늘에서 아미르는 글을 모르는 하산에게 책을 읽어 주었다. 내용을 바꿔서 장난을 치며 내심 즐거워하기도 했다. 어느 날은 순수한 마음으로 두 사람의 이름을 석류나무에 새기며 앞으로 변치 않을 것을 약속하기도 했었다.

파쉬툰인(수니파)인 아미르와 하자라인(시아파)인 하산은 신분상 상하관계에 있으면서도 같은 유모의 젖을 먹고 자란 사이다. 아미르의 아버지 바바와 하산의 아버지 알리도 가족처럼 지냈다. 겉으로 보기엔 배려 깊은 주인과 충성스런 하인이었다. 그 집엔 바바의 고급 식객이자 친구인 라임 칸이 같이 지낸다.

용기도 주먹의 힘도 약하기만 했던 두 소년의 유년시절이 질곡 깊게 펼쳐진다. 연날리기대회 결승전에서 진 파란색 연을 잡기 위해 달려나가는 하산은 아미르를 기쁘게 해주고 싶은 충직한 마음밖에 없었다. 그러나 그를 찾아 나선 아미르는 하산이 아세프에게 성폭행을 당하는 끔찍한 현장을 보게 된다. 그러나 앞으로 나서질 못하였다. 하산은 별 볼 일 없는 하자라인이라고, 또 바바의 마음을 얻기 위해 어쩔 수 없었다고 되뇌며 왔던 길로 도망쳤다. 작가는 그해 겨울의 아픈 기억을 안고 성장한다.

사람은 자신의 잘못을 쉽게 인정하려 하지 않는 이면을 안고 사는 것일까. 오히려 그것을 은폐하기 위해 또 다른 우를 범하는 사례들이 있다. 내성적인 사람은 복잡한 내면의 문제들을 겉으로 드러내서 해결하기가 쉽지 않다. 그것이 유년기일 때는 더욱 그렇다. 아버지의 관심에도 예민할 나이이지 않은가. 하산의 그 사건을 목격하면서 아미르가 받은 충격 또한 막중했다. 하소연할 데 없이 고스란히 본인의 상처가 되었다. 한 술 더 떠서 구해주지 못한 양심의 가책까지 짊어지고 살아야 한다. 소년이 감당하기엔 벅찰 수밖에 없는 심리상태다. 하산을 바라보는 고통보다도 나쁜 방법인 줄 알지만 그를 내쫓는 선택을 할 수밖에 없었던 아미르의 마음이 아프게 다가온다. 그리고 무시하고 외면하려 하지만 가슴에 큰 가시로 박힐 수밖에 없는 하산의 존재, 그는 아미르와 다른 신분선상의 소꿉친구였다.

지고지순한 소년 하산은 선천성 언청이로 태어났다. 주인 바바는 외국에서 의사를 초빙하여 수술을 받게 해준다. 아무나 할 수 없는 일을 티 안 내고 즐겁게 해줬다. 누가 봐도 참으로 친절한 주인이다. 하산의 어머니는 그를 낳은 직후에 유랑극단의 남자를 따라 가출하였다. 진실은 늘 가려져 있는 것일까. 새총의 명수이며 충직한 하산이 아미르의 이복동생이라는 사실은 아무도 알지 못했다. 바바의 친구 라임 칸을 제외하고는…. 아미르는 거의 본능적으로 아버지의 사랑을 하산에게 나눠 주고 싶지 않았다. 그래서 박절하게 하산에게 도둑의 누명을 씌워 그들 부자를 내쫓아 버렸다. 하산은 모든 걸 알면서도 아미르의 허물까지 안고 떠난다.

마음이 여린 소년 아미르는 카불이 싫어졌으리라. 하산의 기억도, 고국을 침공한 소련군의 총성도, 모두가 뒤죽박죽된 상태에서 벗어나고 싶었으리라. 이런 감정들이 아버지와 천신만고로 국경을 넘으면서도 그 고통을 견딜 수 있는 빌미가 되었을 것이다. 아직 아버지를 의지할 수밖에 없는 그로서는 미국이란 낯선 땅에 초라한 짐을 푸는 두려움보다, 고통스러운 곳을 떠나온 것에 대한 안도가 컸을지도 모른다.

청년이 된 아미르는 미국에서 고국의 처녀 소라야 타헤리와 결혼을 하고, 그녀의 솔직함을 사랑했다. 과거를 숨기지 않고 털어놓을 줄 아는 그녀의 용기를 보면서 자신의 유년기를 다시 되돌아봤으리라.

세월은 흘러 아버지가 세상을 뜬 뒤 고국에서 라임 칸으로부터 연락이 왔다. 꼭 할 말이 있다는 통보와 함께. 아미르는 그곳으로 다시 가야 하는가에 대해서 긴 생각에 잠긴다. 결국 그는 고국으로 가는 비행기를 탔다. 라힘 칸을 만난 아미르는 놀라운 비밀과 하산이 보낸 장문의 편지를 전해 받는다. 라힘 칸은 생의 마지막 순간에 그에게 용서를 빌었다. 하산이 그와 이복형제라는 사실을 숨긴 것에 대하여.

아미르는 이미 세상을 뜬 하산의 핏줄인 소랍의 발자취를 더듬어가고 있었다.

> 카불은 여전히 실제로 존재하고 있었다. 서쪽 산 너머 어딘가에 언청이 남동생과 내가 연을 쫓아 달려갔었던 도시가 잠들어 있다. 그곳 어딘가에서 내 꿈에 나타난 눈 가린 남자가 개죽음을 당했다. 그리고 20여 년이 지난 지금, 바로 그 선택 때문에 다시 이 땅에 돌아오게 되었다.

마음이 다급해진 아미르는 낡은 트럭을 대절해서 소랍의 발자국을 따라 나선다. 결국 그 끝에는 탈레반의 간부가 되어 악행을 일삼는 아세프가 있었다. 그는 하산의 소년기를 망쳐놓았고, 아미르의 가슴에 내려놓을 수 없는 쇳덩이를 던져 놓은 장본인이 아닌가. 도저히 용서할 수 없는 아세프 옆에는 하산의 아들 소랍이 장난감처럼 서 있다.

악마의 소굴에서 소랍을 구하고자 하는 아미르의 심정은 간절했다. 아이는 하자라인도, 하인의 자식도 아니었다. 오직 구해내야 하는 사명일 뿐이었다. 소랍을 돌려 달라는 애원의 말이 통하지 않는 아세프는 특유의 무기인 놋쇠 장갑을 휘둘렀다. 아미르는 갈비뼈와 턱이 부서지고 온몸이 중상을 입었다.

마지막으로 아세프는 그의 목을 조였다. 이 광경을 지켜보던 어린 소랍이 소리쳤다. 그만하라고, 그만하라고. 허나 아세프는 완강했고, 마침내 소랍의 손에 들린 새총에 작은 놋쇠공이 올려지고 아세프의 한쪽 눈을 향해 날아가 명중했다.

병원에서 다친 몸을 추스르는 아미르 옆에 하산을 빼닮은 소랍이 있다. 사람은 늘 후회하며 사는 동물이기도 하다. 늦게라도 빚진 것을 갚을 수 있는 대상이 있다는 것은 한편 감사해야 할 일이다. 자신이 하산을 보호하지 못한 허물을 소랍을 통해 속죄하게 해달라고 아미르는 분명 알라신께 기도했으리라.

긴 시간, 아직도 말과 표정을 잃어버린 소랍을 보며 아미르 부부는 아픈 마음을 달랜다.

어느 날 아이를 데리고 공원으로 나갔는데 그곳에도 연을 파는 가게가 있었다. 아미르는 옛날 솜씨를 발휘하여 연을 날린다. 카불과 인접한 그곳, 그해 겨울의 아픈 기억들이 연실에 바른 유리가루처럼 온몸을 찔러온다. 연싸움은 그의 승리였다. 순간 소랍의 얼굴에서 엷은 미소가 스쳤다. 아미르의 가슴도 쿵쿵 뛰기 시작했다. 아미르는 있는 힘을 다해서 연을 향해 달려간다. 그 옛날, 하산이 아미르를 위해 그랬던 것처럼.

이 글은 작가가 소년기의 치부를 통해 읽는 이에게 또 다른 공감을 이끌어내는 작품이다. 우리가 성장하는 과정에서 숨기고 있는, 아니 감추고 싶은 그런 것 하나쯤은 안고 살아왔음을 되돌아보게 해준다. 단지 그것을 어떻게 뒤집기를 하여 승화시키느냐, 아니면 가슴속에 푹 묻어두고 생을 마감하느냐의 선택을 독자에게 조용히 묻고 있다.

(2012. 10.)

도토리나무를 키우며

뒷산이 야트막하고 평평했으며 작은 실개천이 흐르는데, 그곳은 나와 형제들이 성장한 놀이터였다. 수십 년 된 도토리 나무들이 서로 키를 재며 서 있다. 서리가 내리고 벼를 타작할 때쯤이면 그 나무의 도토리들은 어머니의 손을 거쳐 물가의 커다란 옹기 시루 속에서 붉고 떫은 속내를 우려내고 있었다.

옛날, 샘가엔 커다란 옹기단지가 물을 가득 담고 그 안에는 발그레한 도토리가 가득 들어있다. 그렇게 모은 것들을 소쿠리에 건져 내어 물기를 뺀 다음 커다란 돌절구에 넣고 절굿공이로 빻는다. 한꺼번에 넣고 절구질을 하면 둥근 도토리는 꼬박꼬박 말대꾸하는 어린애처럼 사방으로 튀어 나간다. 그럴 땐 꾀를 쓴다. 절구통의 도토리를 도로 퍼내고 확실하게 일대일 격파에 들어간다. 바닥에 부스러진 가루를 받침 삼아 한 개씩

안으로 던진다. 그때 절굿공이는 한 마리 독수리처럼 정확히 내리꽂힌다. 빠른 속도와 정확성이 시간단위로 바뀔 때쯤이면 절구통 안이 그들먹해지고 빻는 법이 처음으로 돌아간다. 거칠게 빻아진 그것들을 얼개미로 내린 뒤 커다란 시루에 갈잎으로 밑을 두껍게 깔고 그 위에 퍼 담는다. 오며가며 물을 부어 여러 날을 우려내면 마지막엔 맑은 물이 흘러나온다. 다음엔 그것들을 맷돌에 곱게 갈아서 자루에 넣어 걸러내고 뿌연 물을 가마솥에 넣고 불을 때며 젓는다.

내 기억 속의 고향 집 마당에서, 제일 사람들이 북적거린 날은 벼바심날이었다. 힘세고 숙달된 장정들이 호롱기를 와릉와릉 밟으면 손이 빠른 아저씨들이 볏단을 적당히 나누어 애벌털기를 해서 옆으로 건넨다. 마무리하는 사람은 나눈 볏단을 얇게 펴서 속속들이 벼 이삭이 남지 않도록 최선을 다한다. 동력 탈곡기가 나오기 이전의 얘기다. 부엌일도 품앗이다. 동네 사람들이 하나가 되어 돌아가며 큰일을 해결했다.

이처럼 벼바심하는 날 부엌에선 일꾼들과 이웃들을 위해 밥상을 수없이 차려낸다. 제일 인기 있는 음식 중 하나는 정성이 들어간 도토리묵이었다. 윤기나고 야들야들하게 쑤어진 그것은 양념에 따라서 주식도 되고 간식도 되고 훌륭한 막걸리 안주도 되었다. 흰콩을 삶아 갈아서 진한 콩국을 만들고 도토리묵을 가늘게 채 썰어 국수처럼 말아내면 그 맛이 기특하다. 도토리에 남아있는 엷은 향과 구수한 콩물이 조화롭다. 노란 배춧속을 채 썰어 그릇에 담고 묵을 얹은 위에 얼큰한 참기름양념장을 뿌려내면 막걸리 안주로도 찰떡궁합이었다.

몇 해 전 가을, 가족들과 옛 집터를 찾아갔을 때 거기엔 낯선 풍경들만 가득했다. 내 추억 속의 그 나무들은 개발이라는 이름 아래 자취도 없고, 깡충깡충 뛰어 놀던 집터 마당쯤엔 생수 회사가 덩그렇게 자리 잡고 있다. 싸리 바구니를 옆에 끼고 씀바귀며 토끼풀을 뜯으러 헤매던 논둑 밭둑도 없어졌다. 긴 가뭄에도 물이 마르지 않던 실개천도, 고개를 들고 바라보던 참죽나무도, 이제는 찾을 수가 없다. 눈을 멀리 돌려 살피자니 농공단지 옆 솔밭 끝에 누르스름하고 잎이 넓적한 도토리나무 같은 것이 보인다. 자석에 끌리는 쇠붙이처럼 나는 달려갔다. 모양과 크기는 달라도 분명히 도토리나무였다. 장정의 팔뚝 굵기만 한 나무를 끌어안았다. 누른 색의 이파리 사이로 푸른 하늘이 들어오고 거기에 연갈색의 열매가 매달려 있다. 두 손에 힘을 주어 흔들어 보았다. 툭, 툭, 툭.

화분에 흙을 담고 도토리 세 알을 묻었다. 이듬해 봄. 그중에 하나가 흙을 머리에 인 채 배시시 웃으며 목을 내밀었다. 연둣빛 잎사귀가 일 년에 두 번씩 두 번 나왔다. 화분 속에서 두 돌이 되는 도토리나무를 앞에 놓고 바라보고 있다. 키가 두 뼘 정도 자랐다. 넓적한 잎사귀가 틀림없는 도토리나무다. 이 나무를 보고 있으면 고향의 물 흐르는 소리가 들려오고 밝게 쏟아지던 뒷동산의 햇살이 보인다. 더불어 그곳의 아련한 공기가 코에 스며들어 온다.

그렇게 맛으로만 기억되고 추억으로만 간직했던 도토리가 우리 아이들 세대에는 사이버공간에서 화폐의 역할을 한단다. 왜 하필 도토리가 그 주인공이 되었을까? 산속의 다람쥐는 도토리를 물어다가 굴에 저장해놓고 겨울을 난다. 사이버공간에서 무엇이든 꾸미고 문자메시지를 보내고 장식물을 사려면 돈을 내고 도토리를 사야 한다. 다람쥐가 들으면 놀라서 팔짝 뛸 노릇이다.

옛날에 도토리는 산에 가서 부담 없이 주워올 수 있었다. 남보다 조금만 부지런하면 말이다. 지금은 그 도토리는 만나기가 어렵다. 수입품 묵가루가 대세를 이룬다. 신토불이의 옛 맛들이 사라져가고 있다. 자꾸만 멀어져가는 것들이 생각난다. 삶의 방법이 바뀌고 음식문화가 변해간다. 모든 게 조출하고 정성이 깃들었던 어머니의 허름한 부엌이, 그 무수한 맛이 그립다.

도토리를 주워서 들여다보면 그 모양이 제각각이다. 길쭉한 것, 동그란 것, 사람들의 혈통처럼 어미나무의 줄기 색과 잎사귀 모양도 그렇게 조금씩 다르다.

고향의 향수를 담아 온 작은 도토리나무를 매일 바라다본다. 이 나무가 잘 자라면 좋은 흙에 뿌리를 내리게 해야겠다. 넓적하고 푸른 잎이 시원한 그늘을 만들고 가을이면 알찬 열매가 다닥다닥 열리어 내 후손들의 추억 속에서 함께 커가길 바라는 마음이다.

갑자기 울리는 전화를 받았다. 친구다. 도토리도 줍고 가을바람도 쐴 겸 강원도엘 가자고 한다. 작년에 스쳐 지나친 얕은 계곡 물에 그것들이 떨어져 잠겨있던 곳이다. 대답이 머뭇거려진다. 내 마음은 지금, 고향의 뒷동산으로 날아가고 있다. 작은 소쿠리에 도토리를 자꾸 주워담아서 어머니의 큰 독에 물이 넘치도록 갖다 붓던 그곳을 찾아서.

(2010. 가을)

석류

혹한 속에서도 잘 견뎌내는 우리나라 토종의 석류는 초여름쯤이면 갈라진 나팔 모양의 주홍색 꽃들이 다닥다닥 피어난다. 화려하면서도 소박한 꽃이 지고 나면 그 자리엔 청, 황, 적색을 휘휘 저어서 섞어놓은 빛깔의 귀여운 열매가 맺힌다. 그 모습이 마치 어린아이가 옹알이하는 입 모양을 닮은 것 같기도 하다. 또한, 집었다 놓은 새알심 모양의 어린 열매가 대롱대롱 매달린다.

그렇게 강렬하게 여름 볕을 쪼이고 내공을 닦은 뒤, 기다리던 가을이 오면 그 붉은 열정을 끝내 감추지 못하고 속 가슴을 탁 풀어 젖히고 얼굴을 붉히며 사람들을 유혹한다. 새콤하고 달콤한 석류의 맛은 가히 자극적이다. 화려하다 못해 그 도가 넘어버린 새빨간 구슬알갱이는 누구의 입에라도 침이 가득

고이게 한다.

그때는 참으로 귀했던 석류 한쪽이었는데 지금은 대형할인점에 가면 석류 매대가 따로 자리잡고 있다. 크고 단단해 보이는 붉은 것이 공급량은 걱정하지 말라는 듯 수북이 쌓여 있다. 자세히 살펴보면 외국산 석류들은 하나같이 입을 꼭꼭 다물고 있다. 출생에서부터 여기까지 오는 동안 아무런 사연도 없었던 것처럼, 아니면 강제로 고향을 떠나와 풀이 죽어 있는 것처럼 별로 표정이 없다.

속살 터진 알맹이를 한쪽이라도 더 먹고 싶어 침 삼켰던 그 시절의 추억을 다시 떠올려보며 빛깔 고운 걸로 골라 비닐봉지에 담는다.

초등학교 시절 오색의 만국기가 펄럭이며 가을 운동회가 열리던 그 날, 가족들과 싸가지고 온 점심을 맛있게 먹고 막 일어섰을 때 유난히도 수줍음을 타던 한 친구가 살며시 옆에 다가와 내민 것이 있었다. 새빨간 알맹이가 터질 듯 부푼 석류 한 조각이었다. 둘이서 손을 잡고 뛰어다니며 석류를 한 알 한 알 빼 먹었었다. 그리고 마주 보며 웃기만 했었다. 서로의 마음을 열게 해준 석류와 운동회를 나는 지금도 잊지 못한다. 그 친구와는 자주 만나지는 못하지만 가슴으로 통하는 사이로 남아있다.

요즘 오십 대 전후가 된 여성들은 제2의 사춘기라 불리는 갱년기가 복병처럼 찾아와서 여성호르몬이 고갈되었음을 발끝에서 머리까지 온몸으로 알려준다. 옛말에 '병은 한 가지지만 그 약은 백 가지다.' 하였듯이 갱년기 여성들에게 좋은 식품이 어디 한두 가지겠는가만, 그중에 일조를 하는 것이 붉은 석류다. 거기에 들어있는 성분 중에 여성호르몬인 에스트로겐을 대체할 수 있는 물질이 다량으로 함유되어 있다고 한다. 그 덕분에 수입품은 점점 늘어만 가고 비교할 수 없는 맛과 추억이 담긴 신토불이 토종 석류는 요즘 시장에서 그 모습을 만나기가 어려워졌다.

아직은 꽃을 한 번도 피워보지 않은 작은 석류나무를 이리 옮기고 저리 심어보고 4년째 변덕을 부려본다. 아파트에 있을 때는 대추나무, 앵두나무, 석류나무를 묘목 파는 농원에다 이른봄에 한 그루씩 주문했다. 그리고 꼭 석류 묘목은 재래종으로 보내 달라고 부탁했다. 이것들을 화분에 각각 심어서 새순이 나오기만을 기다렸는데 유독 석류나무만 싹이 트질 않았다. 그래도 안타까운 마음에 차마 뽑아 버리지는 못하고 그냥 두었더니 가을이 되어서야 겨우 잎이 몇 개 나오지 않는가. 나는 뛸 듯이 기뻤다. 다시 살아난 것이 그렇게 신기하고 고마울 수가 없었다.

지금 사는 주택 작은 화단에는 햇빛이 잘 드는 좋은 자리에서 그 석류나무가 자라고 있다. 아직은 줄기가 가느다란 나무지만 균형 잡힌 튼튼한 나무로 잘 자라 주기를 바라면서 자주자주 눈길을 보낸다. 멀지 않은 봄날에는 주홍색 꽃들이 희망을 안고 피어나고, 해마다 키도 한 춤씩 자라고 몸도 통통해질 것이다. 그러면 내 추억 속에 있는 그 붉은 석류도 다시 만져 볼 수 있지 않을까.

석류나무를 보면 마음이 즐거워지고 편안해진다. 고향 옛집에서 달고 시원한 샘물을 한 바가지 떠서 마신 것처럼 말이다. 냉장고 문을 열고 병을 하나 꺼낸다. 투명한 유리컵에 불그스레한 약이 아닌 약을 오늘도 한 잔 따라서 꿀꺽꿀꺽 삼켜 본다.

(2007. 10.)

유년의 꿈

이따금 꿈을 꾼다. 초등학교 4학년 교실 옆에 황토가 흘러내리던 언덕이 있다. 그 아래 양지쪽에서 고무줄놀이를 한다. 단발머리의 어린아이가 되어 팔짝팔짝 뛰어노는 꿈이다. 몸은 예순을 바라보는데 어찌 된 일일까, 빙그레 웃음이 난다. 꿈속에서처럼 몸이 가벼웠으면 좋겠다.

모처럼 외출을 준비한다. 분기별로 모이는 초등학교 동창회다. 모임 장소에 도착하니 반가운 얼굴들이 손을 들어 인사를 보낸다. 자리에 앉자마자 콜라도 권하고 소주도 권하며 얘기보따리를 풀어 젖힌다. 고향을 지키는 철이는 특수 작물을 잘 재배해서 부자가 됐단다. 누구는 서울에서 어떻게 살고, 누구는 또 어디가 아프단다. 끝 모르고 쏟아지는 친구들 수다에 잠시 호흡을 가다듬어 본다. 천천히 바라보는 친구들의 얼굴에서 지나간 날의 모습들이 겹쳐진다.

비가 오는 날 수업 시간에 한 어머니가 찾아와서 선생님께 아들의 조퇴를 요청했다. 이유를 물으니 고구마 싹을 심어야 한다고 했다. 선생님은 아이를 보내주었다. 공부보다 고구마 심기가 더 급했던 어려웠던 시절이었다. 그렇게 코 흘리며 지우개 하나를 가지고도 싸우며 자랐다. 고무줄 끊어가는 남자아이들을 쫓아 운동장을 뺑뺑이 돌던 일이며, 땅에 납작돌을 놓고 손으로 튕겨 줄을 그어 가며 땅따먹기하던 일들이 이제는 희미한 추억이 되었다.

식사를 하는 중에 친구 하나가 다가와서 술을 한 잔 따라주며 입을 연다.

"니가 내 첫사랑이야. 그때는 용기가 없어서 말도 못 했지."

그 너스레에 좌중은 손뼉을 치며 맘껏 웃어준다. 하얀 얼굴에 목이 유난히 길었던 그 친구는 희끗희끗한 머리에 풍채 좋은 초로의 아저씨로 변해 있었다. 어려서는 서로 마주치면 고개를 돌리고 모른 척하더니 그것이 첫사랑이었단다. 나이를 먹어서 좋은 것이 이런 것이로구나. 무슨 말을 들어도 편하다. 첫사랑이면 어떻고 짝사랑이라 한들 어떨까. 모두가 옛날로 돌아가서 긴 세월의 벽을 허무는 것이다.

나이를 먹으면 아이가 된다고 한다. 그 뜻을 이제는 조금 알

것 같다. 어렸을 땐 잘살고 못사는 것에 상관없이 어울렸다. 젊은 날엔 자존심, 비교하는 마음 이런 것들이 자신을 괴롭게도 했었다. 지금에 와서는 그것들이 큰 의미가 없어졌다. 어린 아이처럼 조금은 순수해지는 걸까. 벤츠를 타고 왔든 버스를 타고 왔든 아무 차이가 없다. 오늘 이 자리에 나올 수 있음을 감사하게 생각한다. 한 친구가 잔을 들고 건배를 외친다.

"모두의 건강을 위하여!"

그 말에 공감하며 잔을 비운다.

지난 연말, 초등학교 시절의 은사 두 분을 모시고 송년 모임을 했다. 우리가 코 흘릴 때 그렇게 커 보이고 호랑이 같던 선생님이다. 손바닥 맞기는 예사였고 운동장 돌기는 그다음이다. 세월을 이겨내는 장사 없다고 했던가. 흰 머리만으로 부족하여 눈썹까지 하얘지셨다. 연세 90을 바라보는 노구를 끌고 앉아 계신다. 구령에 맞춰 모두 절을 올리고 만수무강을 외치며 잔을 높이 든다. 두 분의 눈에도 이슬이 촉촉하다.

나이를 먹어도 변하지 않는 것은 타고난 성품이다. 어려서 남자아이들을 잘 길들이던 왈가닥 옥이는 마산으로 시집을 가서 마산 아지매가 되었는데, 옛날에 쩔쩔매던 남자 친구가 그에게 다가와 장난스레 묻는다.

"너 지금도 그렇게 사납니?"

말이 떨어지자마자 '탁' 소리가 들린다. 옥이 왈, 이것이 대답이라고 했다. 좌중은 또 한 번 웃음바다가 되었다.

동창생들의 변화된 모습에서 세월의 길이를 재어본다. 어릴 적 방학이 끝나면 보고 싶은 단짝을 만나는 기쁨에 가슴이 설레던 등굣길, 친한 아이가 전학을 가던 날 몰래 흘렸던 눈물, 공부시간에 삶은 감자를 뒤로 돌리다가 선생님께 들켜서 앞에 나가 벌 받던 일, 송충이 잡으러 앞산에 갔다가 팔에 붙은 벌레를 보고 펄펄 뛰며 울었던 일들…. 추억을 만들고 공유할 수 있는 친구는 소중하다. 같은 공통분모를 가진 친구는 허물이 없기 때문이다.

어릴 적에 잔병치레가 많았던 나는 늘 건강한 친구들을 부러워했다. 이제 나의 꿈은 무엇일까? 스스로 물어본다. 물론 가족과 주변의 안녕을 빼놓을 수 없다. 그다음은 꿈속에서 만나는 그 모습이 아닐까. 마음속에 얽혀있는 세월의 거미줄들을 말끔히 걷어내고 고향 냇가에 차돌멩이를 다섯 개 주워서 동그랗게 다듬어 나를 찾는 친구들과 공기놀이를 해보고 싶다. 고운 흙 위에 돌을 던져놓고 공깃돌 풀기, 집기, 품기, 찍기, 꺾기를 다시 해보고 싶다. 반질반질 윤이 나게 길을 들여 소중한 보석처럼 간직하고 싶다. (2008. 9.)

핑계 찾기

눈을 떴을 때 주변은 조용했다. 각각 침대마다 자리를 차지한 사람들은 무슨 배려라도 하는 듯이 입을 다물었다. 나는 눈을 감자 다시 잠에 빠져들었다. 얼마나 지났을까. 또 병실 천장이 눈에 들어오고 주위에 사람들이 보인다. 하나같이 팔에 무엇을 부착하고 불편한 모습들이다. 나는 오른쪽 팔에 힘을 주고 움직여보려 했으나 말을 듣지 않는다.

지난 초봄부터 오른쪽 팔에 조금씩 통증이 나타나기 시작했다. 어깨부터 팔꿈치 사이가 아프다. 정형외과를 찾아 초음파 검사를 하니 회전근개에 미세한 파열이 있단다. 의사는 우선 근육을 강화하자고 말한다. 그러나 일상에 크게 지장이 있는 것도 아니라서 가볍게 생각하고, 양방과 한방을 오가며 치료를 하였지만 한고비씩 통증이 심해졌다. 추운 겨울 깊은 밤에 찾아오는 통증은 잠을 설치게 하고 인내의 한계를 드러내게 했다. 결국은 수술을 해야만 했다.

이동식 간이침대에 누워 수술실로 들어갔다. 의사는 오른쪽 어깨와 팔을 부분마취하겠다고 하며 마취 효과가 오래 가니 굳이 무통주사를 맞을 필요는 없다고 설명한다. 난 눈을 감았다. 이 수술의 모든 결과는 내 뜻대로 될 수도 있고 안 될 수도 있을 것이다. 아무 생각도 하고 싶지 않은 내 귀에 의사의 말이 들어온다. 어깨와 팔을 이어주는 힘줄이 거의 끊어진 상태를 설명하며 뼈에 볼트를 몇 개 심고 힘줄을 봉합해서 볼트에 연결해서 고정을 하겠단다. 친절한 설명이다. 하지만 아무 말도 하기가 싫어서 대답을 안 했다.

목과 어깨 사이를 세심하게 눌러 보던 마취의사의 손이 팔로 내려가는 신경을 찾은 듯했다. 이어 뻐근함과 함께 주사약이 들어감을 느낀다. 주사는 약간의 간격을 두고 나누어 투여를 한다. 오른팔이 내 뜻과는 관계없이 몇 번 요동을 치더니 펄떡거리다가 멈추는 미꾸라지처럼 축 늘어져 버린다. 미리 설명은 들었지만 속으로 놀라는 것도 잠시, 의식도 그때쯤 잠들어 버렸다.

병실은 모두 여성 환자들이다. 서로가 궁금한 게 많아서 그런지 질문이 오고가고 관심이 대단하다. 발병한 원인은 조금씩 달라도 증상은 비슷했다. 포천 지방에서 온 부인은 두 번째 수술을 받았단다. 첫 번째 수술이 잘 되어서 안심을 했는데 강아지 집이 망가져서 못질을 했단다. 망치를 들고 못을 탕탕 박았는데 다시 탈이 나서 그리되었단다. 옆에 젊은 엄마는 스키를 타다가 넘어졌는데 어깨를 다쳐서 역시 수술까지 하게 되었단다.

옆 사람들의 얘기를 들으면서 생각에 잠긴다. 무엇 때문일까. 이렇게 어깨가 상한 이유가 어디 있는 걸까. 지난 시간을 거슬러 오르며 이 핑계 저 핑계를 끌어와 본다. 하루에 청소를 두 번씩 하며 살던 날도 있었다. 젊은 날엔 남편 사업의 뒷바라지를 하며 1인 3역을 하며 보낸 적도 있다. 봉제사奉祭祀를 하며 맏며느리로 살아왔다. 아이 둘을 키우며 즉석식품을 거의 먹이지 않았다. 허나 그것도 정답이라 할 순 없다. 곰곰이 다른 원인을 찾아본다.

머릿속에 커다란 꽃나무들이 떠오른다. 그것들은 큰 화분에 심어져 있고 난 그것을 이리 옮기고 저리 옮기느라 늘 팔을 썼다. 솔직히 힘에 부친 게 사실이었다. 그러면서도 화분 하나 하나를 보물처럼 애지중지했다. 그리고 작은 감나무 한 그루는 어떠한가. 처음 심은 자리가 마음에 안 들어서 싹이 트기 전에 다른 곳으로 옮기려고 두 손으로 힘껏 뽑았을 때, 그만 팔에 통증이 왔다.

어느 것에 이 죄를 물어야 하나, 마음이 번거롭다. 그러다가 전에 다니던 병원의 물리치료사 말이 생각난다.

"어머니, 살림하면서 팔을 많이 썼으니 노동 훈장이라고 생각하십시오."

그런가? 등을 기대거나 누워 생활하는 요즘 그 사람 말이 가슴에 편케 와 닿는 것은 왜 일까.

병실의 밤은 길고도 지루하다. 복도의 조명만이 불침번처럼 혼자 밤을 지키고 있다. 모두가 아픈 몸을 안고 잠을 청한다. 누군가는 얕은 수면 속에서 통증을 견디느라 신음이 새어 나오고, 나도 잠에 들 수가 없어서 슬그머니 복도로 나와서 간호사실에 가서 진통제를 청한다. 다시 병상에 누우니 몸의 무게가 바위처럼 느껴진다.

입원한 지도 며칠이 흘렀다. 병상에서 주고받는 환자들의 대화는 거의가 건강에 관한 정보다. 무릎 수술한 경험, 줄기세포 재생기술에 대하여, 피부의 노화 방지하며 다이어트 방법에다 노안이 해결되는 수술까지, 정보 교환이 끝이 없다. 요즘 노년층들이 몸의 구석구석을 이렇게 치료하며 산다는 것에 놀랐다. 그럼 나는 어느 위치에 서 있는가. 60이 넘은 나이에 병상에 누워 팔 한쪽을 떠메고 있으면서 그래도 서산에 걸린 해는 아니라고 혼자 우겨본다. 세월을 붙잡는 재주도 없으면서….

오른쪽 어깨가 탈이 나니 왼쪽 팔이 고생이다. 자연히 왼쪽 어깨도 통증이 생겼다. 정밀하게 검사를 받고 충격파치료에 들어갔다. 총 4번의 치료가 필요하단다. 5분 동안에 환부에 콕콕 찌르듯이 몇천 타의 충격을 가하는 치료이다.

지금껏 살아오면서 내 몸을 아끼고 위로해 준 적이 있었는지 돌아보게 된다. 일을 보면 누가 쫓아오는 듯이 해치우는 습관이 몸에 배었다. 항상 주변이 청결해야 직성이 풀렸다. 이 정도는 늘 할 수 있다고 의심하지 않았는데, 지금 오른쪽 어깨는 수술을 해버렸고 왼쪽도 치료 중이며 조심하라는 경고를 받은 처지다.

또 밤이다. 병실 침대에 누워서 이불을 끌어다 머리까지 덮는다. 왼손으로 오른쪽 어깨를 만져본다. 감각이 무디다. 내 몸을 생각 따라 더듬어본다. 이만큼이나마 잘 버텨주어서 고맙다. 현명하지 못한 주인을 만나서 몸이 외려 힘들었을 것이다.

지금이라도 생각을 바꿔야겠다. 몸과 타협해야만 한다. 무리하지 말고 힘에 맞추자. 안방 화장대에 먼지가 좀 쌓이면 어떠랴, 빨래가 좀 밀렸다고 큰일 날 게 무엇이겠는가. 주저앉은 김에 쉬어가자.

(2013. 1.)

금어金魚 용해당

입산入山

시골의 외딴 기와집 대청에 하얀 모시 바지저고리를 입은 육십 대 노인이 부채를 들고 앉아 있다. 유달리 흰 피부를 지녔다. 갸름한 외모에 마르고 키가 좀 큰 편이다. 농사를 짓는 농부의 모습은 아니다. 초여름 농번기에 식구들이 모두 들에 나가면 빈집에서 홀로 파적破寂을 하는 모습이다. 그런 모습도 잠깐이다. 바람처럼 훌쩍 떠났다가 계절이 바뀌면 다시 집에 돌아오신다. 내가 기억하는 생전의 아버지의 모습이다. 용해당은 아버지의 호이고 출가 법명은 갑용이었다. 법명이 곧 세간의 이름이 되었다.

고령高齡의 할머니는 세 살 난 손자를 안고 공주 땅의 영은암을 찾았단다. 무오년 돌림병에 가족을 다 잃고 늙은 할머니는 손자의 명줄을 잇기 위해 절을 찾은 것이다. 큰 절에서 출가의식을 치르려면 일정한 나이가 되어야 했기에 어린아이는 작은 암자에서 때를 기다리며 보살핌을 받았단다. 그러다가 일곱 살이 되던 해 머리를 깎고 마곡사의 우화 스님을 의지하여 계를 받고 스님이 되었다. 세속에 누가 있는지, 재산이 얼마나 있는지, 그런 것은 까마득히 잊은 채로….

이후 동자승은 마곡사에서 불화를 그리고 단청을 하고 불상을 조성하는 공부를 하게 되었다. 공부의 시작은 찻물을 끓이는 것으로부터 시작하여, 강산이 몇 번 바뀌는 긴 시간이었단다. 당시, 일제강점기의 암울했던 그림자가 산속의 사찰이라고 비켜가진 않은 듯했다. 총독부는 사찰령이라는 법을 선포하고 조선불교와 일본불교의 내선 일체화를 외치며 승려들을 결혼시키는 운동을 폈단다. 이에 응하지 않으면 강제권을 동원하였다. 그래서 삼십이 다 된 순박한 스님은 결혼하게 되었다.

스님이 돈을 벌고 가정을 꾸린다는 것은 짐작컨대 어설픈 일이었다. 욕심을 키워 본 적도 없고 이권을 다투어본 적도 없으니 말이다. 다행히 마곡사에서 아침저녁으로 예불을 하고 불공을 전문으로 하는 부전 자리가 마침 있어서 월급을 받을 수 있었다. 하지만 가정을 이끌어 가는 설계는 오롯이 아내의 몫이었단다. 절간의 낭군으로부터 한 달 월급을 받으면 한 푼도

쓰지 않은 채 독에 감추고, 주식은 쌀 대신 푸성귀와 된장으로 때우며 혼자 견디었다고 했다.

그 와중에 일본 사찰에서 초청이 와서 그들 부부는 대한해협을 건너가게 되었다. 일본의 도바다라는 도시에서 팔구 년이 흐른 후에 히로시마 원폭투하와 일왕의 무조건 항복으로 고국은 광명을 되찾았다. 그 사이 식솔이 늘어난 스님 일가는 다시 시모노세키 항구로 나와 연락선을 타고 고국으로 돌아왔다.

부산항에 발을 내리자 지금의 떴다방 격인 소개업자들이 팔을 붙잡고 매물을 소개했다고 한다. 여관업을 할 수 있는 건물과 장사를 할 수 있는 건물 등 유혹이 심했지만 여인은 남편의 신분을 생각해서 모두 뿌리치고 공주로 돌아오게 되었다고. 일본에서 재물은 모아가지고 왔지만 바로 정착을 못 하고 예산군 등을 전전하며 고생을 한 끝에 아산 땅에 정착하게 되었다.

그러나 스님은 바람이었다. 집에 머물러 농사를 짓고 살림을 돌보는 것은 모르는 일이 되었다. 어느 절에서 탱화를 그리거나 단청을 해 달라고 연락이 오면 흰 두루마기에 중절모를 쓰고 일어서서 나가면 십중팔구는 계절이 바뀌어야 돌아오셨다. 스님이 하는 일은 단시간에 끝나는 것이 아님을 알기에 아내는 시시콜콜 입을 열지 않았다. 모내기할 때 일을 나가서 추수할 때 귀가한 적도 있었다. 그분들은 나의 부모님이 되신다.

금어의 주머니

아버지는 일의 대가를 정하지 않고 하였다. 절의 경제 사정이 좋으면 물론 목돈을 받아오기도 하였으나 그렇지 못하면 언제 주시겠습니까? 하고 묻지도 않고 돌아왔다. 한 번은 보릿고개에 살림이 어려운 절에 탱화를 조성하러 갔는데 시주도 안 들어오고 식량조차 없어 그 절 스님과 함께 겉보리를 찧어서 끼니를 해결해 가며 일을 무사히 마치고 오신 적이 있다. 그럴 때 아버지의 주머니는 텅 비어 있었다. 이를 지켜보는 어머니는 심호흡을 길게 하였다. 물론 모든 것을 참아 넘기는 어머니는 아니었다. 하루는 벼르고 별러서 이것저것을 짚어 넘기려 하면 아버지는 묵비권을 행사하였다. 아무 말도 없이 입을 다물고 눈을 감고 앉아 있다. 그러면 어머니는 혼자 푸념하다가 지쳐서 돌아앉아 버린다.

자식들이 점점 커가고 학비며 돈의 쓰임새도 늘어날 수밖에 없게 되자 어머니는 꾀를 내셨다. 절에서 일을 부탁하러 사람이 다녀가면 아버지께 넌지시 일이 끝나기까지의 기간을 물어보고, 절의 형편을 물어보고, 또 일의 난이도를 파악한 후에 속으로 견적을 낸다. 그리고 아버지가 일을 가기 하루 전쯤 자리를 마주하고 절충에 들어간다. 어머니가 이번 일은 이 정도는 받아와야 하지 않느냐고 말한다. 그러면 아버지는 으레 무슨 돈을 그리 많이 부르느냐고 놀란다. 어머니는 시치미를 떼고, 그러면 힘들고 일하기 어려운데 집에서 쉬라고 말한다. 이미 약속을 잡아놓은 아버지는 어쩔 수 없이 어머니의 가격을 받아들인다. 그런 경우엔 일을 끝내고 귀가할 때 비슷한 금액을 받아오셨다. 그 덕분에 어머니는 전답을 늘려갈 수가 있었다.

아버지는 당신이 태어난 곳의 소식을 모른 채 살았다. 아니 관심을 두지 않았다. 언젠가 어떤 사람이 마곡사를 찾아와 아버지의 소식을 묻고 자신이 아버지 선대의 산지기라고 했단다. 그러나 그게 끝이었다. 그 후로는 서로 연락이 끊어졌다. 아버지의 아련한 기억은 점점 흐려져 갔을 것이다. '화란광장'이란 곳의 뚜렷하지 않은 지명과 전답이 많았다는 얘기는 바람결에 스쳐 간 바랜 기억이 되어 버렸다. 잊지 않은 것은 본관이 경주라는 것뿐이었다.

혼을 태우다

사찰에 전각을 지으면 서까래와 기둥이 완전히 마르도록 때를 기다린다. 그다음에 문양과 색을 입히는 단청을 하게 된다. 높은 곳에서 작업해야 하는 까닭에 나무로 비계를 매고 그 위에 올라서서 일해야 한다. 지금은 장비가 편리하게 개선되었겠지만 그 당시에는 힘든 일이었다. 어느 때는 아버지의 발등이

퉁퉁 부어서 돌아오는 적도 있었다.

불상을 조성하는 일은 경건하고 또 경건한 자세가 필요했을 것이다. 아버지는 주로 토불을 조성하였다고 들었다. 불상이 완성되면 그 위에 금가루를 입히는 개금을 한다. 그리고 마지막으로 점안을 하면 된다. 불상을 조성하는 재질에는 철과 나무, 돌과 흙, 그리고 종이가 있다고 들었다.

어렸을 때 하루는 아버지의 방에 들어간 일이 있었다. 마침 붉은 가사를 짓고 있었다. 가사는 스님들이 부처님께 예경을 올릴 때에 장삼 위에 걸치는 것이다. 사각의 붉은 천 조각을 이어서 꿰매는데, 바늘 한 땀 한 땀에 정신집중을 하였다. 그 당시 들은 아버지의 말씀이 어렴풋하다.

"너도 한 바늘 떠보거라. 이것은 만나기 어려운 좋은 인연을 짓는 것이란다." 했다. 그리고 "이 가사는 모든 마디(솔기)가 하나로 통하여 처음 입구에 작은 구슬을 넣으면, 가사의 마디를 모두 통과하여 끝의 출구로 빠지게 되어 있단다. 그러기 위해서는 정신을 바짝 차리고 한 땀씩 규칙대로 꿰매야 한다. 그렇잖으면 통로가 막힌다."라고 하셨다. 그때는 그 뜻을 잘 몰랐었다.

언젠가는 아버지가 탱화 조성하는 것을 본 일이 있는데, 좋은 한지를 골라 풀칠을 하여 여러 겹을 붙여서 바짝 말린다. 그리고 그 위에 하얀 명주를 다시 풀칠하여 반듯하게 붙여서 또 말린다. 그런 다음, 숯을 낀 가는 목필로 본을 뜨고 그 위에 세필로 먹을 묻혀서 확실하게 초를 잡는다. 이 과정은 정신을 하나로 모으는 과정이라 여겨졌다. 먹물 묻은 붓끝이 아차 비껴나가면 전체를 망치기 때문이다.

탱화의 초가 끝나면 채색이 시작된다. 채색의 원료는 돌가루라고 했다. 채색을 잘 흡착시키기 위해 아교를 녹여서 섞는다. 각각의 색은 작은 종지에 나누어 담는다. 넓은 방에서 혼자 엎드린 자세로 왼손에 물감 종지를 들고 오른손으로 붓질을 한다. 그렇게 몰두해 있는 모습을 보면 세상의 시시비비는 아주 잊은 듯했다.

그렇게 탄생한 불화들은 지금은 어느 곳에 봉안되어 있는지 모두 알 수는 없지만 몇 군데서 흔적을 찾을 수가 있었다. 서산 간월암의 산신탱화와 아산의 인취사, 그리고 덕숭산 정혜사에 아버지의 탱화가 아직 남아 있다. 1974년경에는 관악산 연주암의 단청을 맡아 한 것으로 들은 기억이 있다.

흘러가는 물처럼

어머니한테 들은 아버지의 얘기를 기억해본다.

모내기 철에 마침 아버지가 집에 머무르던 차여서 못줄을 잡아달라고 했단다. 아버지는 한참을 열심히 줄을 옮겨 가더니 갑자기 일꾼들을 향해 "힘드는데 쉬었다가 합시다."라고 외쳐서 인부들 휴식시간을 늘려 놓은 적이 있었다고 한다. 당신이 힘이 들었는지 인부의 입장에서 그랬는지는 알 수가 없었다. 또 밭에서 김을 매는 데 도와달라고 했더니, 아버지는 호미를 들지 않고 막대기로 풀을 캐며 이것도 잘 캐지는데 뭐하러 무거운 호미를 쓰느냐고 반문했다고 한다. 그래서 늘 농사일은 어머니의 몫이었다.

우리 육 남매는 자라오면서 아버지의 꾸지람과 큰소리를 들은 기억이 없다. 늘 조용하고 단정했다. 자식들 훈육의 악역도 어머니의 몫이었다. 어머니는 더욱 굳세져야 했고 안과 밖의 대소사를 모두 담당해야만 했다.

나는 아버지의 따스한 정을 기억한다. 어느 겨울날에 몸살감기가 심해서 앓고 있는데 먼 길에서 돌아오신 아버지는 고단한 몸으로 눈발이 날리는 이십 리 길을 되짚어 나가셨다. 그렇게 약을 구해와 나에게 먹인 다음에야 두루마기를 벗어서 횃대에 걸었다.

육십구 세로 삶을 마감하신 아버지는 평생 맑은 바람이었다. 한 가정의 가장으로서 책임을 회피했다기보다 어머니를 너무 신뢰했다는 표현이 맞을 것이다. 그러기에 자신의 일을 마음놓고 했을 것이다. 신뢰가 없다면 긴 시간 동안 집을 비우지 못했으리라. 말년에 투병 중일 때도 가족들에게 아픈 내색을 하지 않았다. 일반적으로 심한 통증을 수반하는 병이었지만 잘 견디시다가 육신을 내려놓았다.

그 후 긴 세월이 흘렀어도 나는 가끔 아버지의 꿈을 꾼다. 늘 그랬듯이 아버지가 일을 마치고 돌아오는 꿈이다. 흰 두루마기에 중절모를 쓴 모습이 멀리 시야에 잡히면 어릴 때처럼 깡충깡충 뛰면서 달려나간다. 그러다가 솟아있는 돌부리에 탁 걸려서 넘어지곤 한다.

아버지는 세상을 떠나셨지만 그 손끝으로 빚어낸 불화들은 전국 곳곳의 사찰에 소장되어 있을 것이다. 세상에 왔다가 흔적을 남긴다는 것은 무엇일까. 아버지의 삶이 의도된 것은 아니지만 운명적으로 걷게 된 길이라고 여겨진다. 이것을 숙연宿緣이라고 해야 할까.

평생에 걸쳐 거창한 것을 남기는 사람도 있고 이름도 없이 살다 가는 이도 많다. 그러나 모든 사람은 반드시 나름의 작품을 남기고 간다. 다만 유형이 다를 뿐일 것이다.

(2013. 7.)

※ 금어 : 불상(불화)를 그리는 사람.

※ 비계 : 높은 곳에서 공사를 할 때에 디디고 서도록 장나무와 널을 다리처럼 걸쳐 놓은 장치.

금어金魚의 아내 오름실댁

담배밭을 걷던 시골 처녀

과년한 시골 처녀가 심부름을 갔다가 집에 돌아오는 길이었다. 팔십여 년 전의 시골 길은 대부분이 논둑 길 아니면 밭둑 길이었다. 그것도 좁은 길이라 두 사람이 비켜가기가 쉽지 않았다. 그때, 밭에 담배 모종을 하던 동네 젊은 남자들이 일을 하다 말고 약속이나 한 듯이 밭둑으로 하나 둘씩 나와 앉기 시작했다. 그들의 시야에 동네 처녀가 혼자 걸어오는 모습이 포착되었기 때문이다. 남자들은 내심 처녀를 지나가지 못하게 놀려주려 함이었다. 남녀가 유별한 때였다.

멀리서 이 광경을 지켜보며 걸어오던 처녀는 속으로 난감했다. 분명 쉽게 비켜줄 것 같지가 않았기 때문이다. 또 잘못 응대를 하면 조롱거리가 될 것이 뻔했기에 처녀의 머릿속은 재

빠르게 회전되고 있었다. 남자들 앞에 다다르자 공손한 어조로 좀 비켜줄 것을 권했다. 한 번 두 번 세 번 부탁해도 남자들은 더욱 킥킥거리며 못 들은 척 떠들기만 했다. 처녀는 잠시 주춤하더니 몸을 틀어 담배를 심던 밭으로 내려갔다. 그리고는 모종을 마친 밭두둑을 거리낌 없이 밟으며 막아 놓은 구간을 통과하여 다시 밭둑길로 올라갔다. 이 광경을 지켜보던 밭 주인의 불벼락은 장난을 친 인부들에게 돌아갔다. 처녀는 양 씨의 성을 가지셨고 '상'자와 '손' 자를 이름으로 썼다. 그분은 훗날 나의 어머니가 되었고 슬하에 육 남매를 두었다.

일제치하 총독부가 내린 사찰령에 의해 스님들이 결혼하는 일이 빈번했는데, 어머니는 그때 불화를 그리는 스님과 혼인을 하게 된다. 그러면서 어려운 살림살이를 꾸려가던 중에 일본사찰의 초청을 받아 남쪽 바다를 건너가게 되었다. 처음엔 언어의 불통으로 고생을 많이 했단다. 그 당시 일본은 동네마다 포교원이 지정되어 있고 그 신도들의 일상적인 애환을 모두 주지가 관리했다고 들었다. 따라서 어머니의 역할도 막중했을 것이다.

고국에 있을 때나 일본에 있을 때나 어머니는 힘든 일들을 도맡아 하였다. 물론 아버지는 일본에서도 불화를 그리셨으리라 짐작은 되지만 정확한 자료는 알 수가 없는 것이, 일본이나 중국은 우리나라처럼 탱화나 단청이 발달하지 않은 까닭이다.

십 년 가까운 세월을 일본의 도시에서 보내면서도 어머니는 얼굴에 화장을 한 번도 해본 적이 없다고 한다. 물론 평생을 그렇게 살았다. 이유는 고국에 있을 때의 새댁시절 사건 때문이었다. 하루는 집에 방물장수가 화장품을 가지고 와서 구리므와 분을 사라고 권해 마침 아버지가 집에 계셔서 의견을 물으니 딱 한마디, 생긴 대로 사는 것이 순리라고 자르셨단다. 그래서 어머니는 속으로 생각하기를 이 사람하고 평생 살려면 화장을 하면 안 되겠구나 하고 그때 결심하여 평생 동안 실천하였다.

배추뿌리를 덥석 깨물다

해방을 맞이하여 귀국한 어머니는 쉬이 터전을 마련하지 못하고 친정 근처의 빈 암자를 빌려서 몇 년을 지내게 되었다. 내가 태어나기 이전의 얘기다. 아버지는 거의 다른 절에 일하러 다니고 어머니가 텃밭과 산전을 일구며 어린 자식들을 돌보았다. 그해도 어느덧 가을이 되고 날씨가 쌀쌀해지기 시작했다. 어머니는 김장하기 전에 우선 먹을 김치를 담기 위해 배추를 뽑았다. 뜻밖에 배추뿌리가 굵고 길었다. 모든 마무리를 다하고 나니 해가 저물었다. 저녁을 먹고 손을 씻으려니 낮에 잘라 놓은 배추뿌리가 실하여 버리기가 아까웠다. 어머니는 그것들을 잘 다듬어 씻어가지고 방으로 들어갔다.

산속의 밤은 적막하고 고요하여 바람에 흔들리는 나뭇가지 소리조차 예사롭지 않게 들릴 때가 있다. 그날도 올망졸망한 어린 자식들은 벌써 곤한 잠에 빠져들었다. 어머니는 평소처럼 바느질거리를 챙겨 손질하느라 밤이 깊어갔다. 창문엔 달빛이 환하게 비치고 있었다. 바느질거리를 마무리하고 자리에 누우려는데 창문에 얼핏 사람 그림자가 스쳤다. 잘못 보았나 하고 긴장을 할 때 방문을 두드리는 낯선 남자의 목소리가 들렸다. 순간 자리에서 벌떡 일어난 어머니는 놀라서 말을 할 수가 없었다. 그러자 문밖의 남자는 꼭 할 얘기가 있으니 문 좀 열어보라고 문고리를 잡고 흔들어댔다. 어머니는 정신을 가다듬고 주전자의 찬물을 꿀꺽 마셨다.

그리고 말을 했다. 이렇게 늦은 밤에 아녀자 혼자 있는 집에 찾아올 때는 그만한 각오는 하고 왔을 테니 들어오고 싶으면 들어오라고 말을 끝내고 머리맡의 장도칼을 들고 고춧가루를 한 줌 쥔 채 문으로 다가갔다. 밖에서 이 광경을 등잔불 그림자를 통해 본 남자는 대뜰 밑으로 쿵 하고 뛰어내렸다. 상대방이 한발 물러서는 소리를 들은 어머니는 온몸이 떨려오기 시작했다. 분명 남자는 다시 안의 동정을 살필 것이기 때문이다.

우선 딱딱거리며 떨리는 이 부딪치는 소리를 없애야 했다. 어머니는 바가지에 있는 배추뿌리를 얼른 집어 들고 물어뜯어 우드득우드득 깨물어댔다. 밖에서 문틈으로 이 광경을 훔쳐본 남자는 뒤도 안 돌아보고 줄행랑을 쳤다.

세상에 비밀은 없나 보다. 그 밤에 있었던 젊은 아낙의 담대해 보였던 소문이 아랫동네에 퍼져 나갔다. 어머니는 힘들이지 않고 그 밤의 장본인을 알아낼 수가 있었다.

그 가을의 어느 날, 어머니는 마당에 콩을 널고 말리어 도리깨로 타작하는데 웬 사람이 나뭇짐을 지고 산에서 내려와 마당 가로 내려가고 있었다. 순간 머릿속에 스치는 게 있어서 도리깨로 나무꾼의 다리를 내리쳤다. 나무꾼은 앞으로 고꾸라지고 나뭇단은 널브러졌다. 한편 어머니가 쥔 도리깨는 계속 가격을 했다. 간신히 일어난 나무꾼은 지은 죄를 싹싹 빌고 기어가다시피 도망을 쳤다. 뒤에 이 소문 또한 그 장본인의 입을 통해 퍼져 나갔다고 했다.

어머니의 길

일본에서 자라다가 귀국한 어머니의 큰아들은 우리말이 서툴러서 친구들과 쉽게 어울리지를 못했다. 어린 탓도 있지만 언어의 소통이 잘 안 되었기 때문이다. 그 아들은 초등학교에 입학하고 산길을 걸어서 통학했다. 친구들이 쳐다보고 웃기만 해도 흉을 보는 줄 알고 달려가서 업어치기를 했다. 일본에 살 때 옆에 있는 유도체육관에 가서 시간을 많이 보낸 결과였단다. 적응하기까지 시간이 필요했다.

그러던 어느 날, 학교에서 돌아온 큰아들이 기분 좋은 듯 팔짝팔짝 뛰며 어머니한테로 다가왔다. 손에는 하얀 왜포수건이 들려 있었다. 어머니는 아들에게 출처를 물었다. 아들은 자랑스럽게 신이 나서 말을 했다. 집에 오는 길에 주웠다고. 어머니는 눈물이 쏙 빠지게 혼을 냈다. 남의 물건은 절대 가지면 안 된다고. 그리고 그 길로 아들을 되돌려 세웠다. 아들은 훌쩍거리며 산길을 내려갔다.

어머니는 자식들에게 유난히 엄하게 훈육을 하였다. 말년에 그 속마음을 열어 보이신 적이 있는데 여섯 남매를 키우면서 안과 밖의 일을 다 하려면 방법이 없었다고 한다. 또한 자식들이 남에게 흉을 잡히는 점을 경계하였다. 자존심이 강해서 내 가정의 일은 손수 해결하려 하였다. 남에게 돈을 빌리거나 물건을 꾸어오는 것을 싫어하였다. 그렇다고 인색하거나 융통성이 없는 것은 아니다. 인정이 많은 면도 있었다.

내가 열 살 무렵의 봄. 아산 땅에 자리를 잡는 과정에서 논을 살 때 있었던 일화가 있다. 시골에 땅을 사서 늘리는 일이 마음 먹은 대로 척척 들어맞기가 쉽지 않다. 꼭 필요할 때 매물이 나오는 것도 아니었다. 그러던 중에 외진 곳에 논이 꽤 큰 물건이 나와서 어머니는 꼭 사기로 마음을 먹었다. 이미 확보해 놓은 밭 근처이기 때문이다. 처음 주인이 두 번째 주인한테 미등기로 팔았나 보다. 어머니는 어찌 된 영문인지 땅값을 첫 번째 주인에게 지급을 하였다. 등기를 마치고 시간이 지나자 큰 동네에 이상한 풍문이 돌았다. 첫 번째 주인이, 두 번째 주인에게 지급해야 할 값보다 어머니에게 쌀 열 가마를 더 받았다는 것이다. 두 번째 주인에게 값을 도로 주고도 열 가마를 남긴 것이다. 시골 마을의 여론이 첫 번째 주인을 용납하지 않았다.

하루는 그가 어머니를 찾아와서 잘못을 빌었다. 어린 자식들하고 살다 보니 본의 아니게 그리했다고 말이다. 그리고 가을 농사를 지으면 꼭 갚겠다고 다짐을 했다. 어머니는 그 말을 믿어줬다. 그해 가을이 가고 또 한해 가을이 되었다. 그 사람은 다시 찾아와서 고향을 떠나겠다고 했다. 땅을 팔아서 어머니의 빚을 갚고 나면 고향을 뜰 수밖에 없는 형편이 되었다고 고개를 숙였다. 그 집의 형편을 아는 어머니는 그에게 물었다. 내가 쌀 열 가마를 안 받으면 노모와 애들을 데리고 고향을 뜨지 않고 살 수가 있겠냐고. 그 사람은 고개를 숙인 채 울음을 터트렸다.

그렇게 장만한 땅을 가꾸느라 어머니는 남보다 세 배는 열심히 일하였다. 논둑 밭둑은 물론 구석구석 빈틈없이 땅을 활용하였다.

어느 해 늦가을, 콩대를 뽑고 보리를 파종해야 할 때인데 쟁기질하는 소아비와 밭갈이를 약속한 날이 내일로 다가왔다. 하지만 밭에 서 있는 콩대와 수숫대들을 미처 뽑지를 못했다. 생각다 못한 어머니는 그 날 밤 둥근 달이 환하게 떠오르자 잠자던 두 아들을 깨워서 일으켜 세웠다. 쌀쌀한 늦가을 달빛 아래서 세 모자는 먼동이 틀 때가 되어서야 일을 끝내고 허리를 펼 수가 있었다. 그래서 그해의 보리파종을 무사히 끝낼 수가 있었다. 물론 두 오빠도 아침 식사를 하고 등교 시간에 늦지 않게 집을 나섰다.

노끈 뭉치로 개와 벗하다

시골의 겨울나기는 이집저집으로 마을을 가지 않으면 사뭇 적적했다. 어머니는 남의 집으로 마을을 가는 일이 거의 없었다. 꼭 필요한 용건이 있을 때를 빼곤 늘 집에 있었다. 하지만 겨울이면 사람들이 어머니의 방 화롯가에 모여들었다. 어머니는 옛날 얘기를 비롯해서 무슨 얘기든지 재미있게 하는 소질이 있었다. 별거 아닌 소재를 가지고도 별스럽게 구수하게 풀어내어 동네 아낙들을 즐거이 웃게 만들었다.

어머니는 가끔 이런 말을 하였다. 말이란 힘들여서 하면 안 된다고, 자연스럽게 하라고, 내가 이 말을 하면 상대방이 어떤 대답이 나올지까지 계산하고 해야 한다고, 노끈 뭉치의 한쪽 줄을 잡고 툭툭 치며 울안의 개와 벗하듯이 그렇게 하는 것이라고 했다. 그리고 가끔 말하길 자식 육 남매 중에 당신의 언변을 닮은 사람은 나오질 않았다고 하였다. 하지만 그 말은 그때나 지금이나 어려운 얘기로 내 기억을 차지하고 있다.

반대로 아버지는 말이 없으셨다. 하루에 세 마디만 하면 풍년이 들 것이라고 어머니는 가끔 불만을 표현하였지만 달라지는 것은 없었다. 어쩌면 아버지가 해야 할 몫의 말까지 어머니가 대신해야만 했다. 집안일에 무관심한 금어金魚의 아내로서, 그의 대변인으로서, 농부로서, 또 어머니로 살아야 했으니…. 어머니의 언변은 우리 가족을 통제하고 지휘함에 있어서나 대외관계에서도 부족함이 없었다.

출타했던 아버지가 집에 돌아오실 때쯤이면 저녁마다 놋쇠 주발에 밥을 담아 아랫목에 묻어놓았다. 그리고 아이들이 넘어다니지 못하도록 주의를 시켰다. 자식들의 옷차림도 말끔해야만 만족을 하였다.

어머니가 그렇게 시간을 남보다 몇 배로 늘려 쓰다 보니 온 동네에서 소문이 났다. 당차고, 언변 좋고, 부지런하니 그 집에 며느리로 들어가는 처녀는 힘이 들 거라고…. 그러나 결국 큰며느리는 중매쟁이를 통해 동네 혼인을 하게 되었다. 큰아들을 약혼시키고 나서 며칠이 지났다. 밤에 잠을 자다 깨어보니 어머니는 아들의 약혼 사진을 꺼내서 보고 또 보며 혼자 미소 짓고 있었다.

나는 육 남매 중에 다섯째였다. 아래로 남동생이 하나 있고 위로 오빠가 셋이고 언니가 하나다. 어머니의 바쁜 시간 속에서 위로 삼 남매는 농사일을 많이 도와야만 했다. 반대로 아래 셋은 그렇지가 않았다. 나는 결혼하던 스물일곱까지 어머니와 함께 시간을 보냈다. 작은딸이 마음이 안 놓여서 그랬을까. 바느질하거나 시간이 날 때마다 당신이 살아왔던 이야기를 담담하게 들려주었다.

산골에 살면서도 산을 그리워하다

어머니가 육 남매를 혼자 키우면서 어찌 울고 웃는 날들이 없었을까. 몸이 약한 자식도 아픈 손가락이었고, 고집이 있는 자식도 가슴에 멍이었을 것이다. 하지만 어머니는 자식들 앞에서 늘 강건하였다. 평소에 채식을 즐기고 마른 체구지만 일을 미루거나 몸을 사려본 적이 없기에 항상 건강하리라 믿었다. 그렇게 영원히 사실 줄 알았다. 아버지가 세상을 떠나시고 막내까지 모두 혼인하여 가정을 꾸리자 어머니는 몸이 점점 약해지기 시작하였다.

넓은 농토를 꽃밭 가꾸듯이 애지중지했던 일들이 어머니에겐 지나간 일이 되어버렸다. 관절이 나빠지기 시작하여 고생하였고, 삼 년여를 거동을 못 하다가 바람이 찬 가을날 새벽에 홀연히 세상을 떠나셨다. 향년 73세였다.

어머니가 투병 중일 때 일이다. 늘 큰오빠 내외가 병수발을 들었는데 어쩌다 내가 시간을 내게 되면 어머니를 휠체어에 태워 논둑길로 밭둑길로 돌면서 바람을 쐬어드렸다. 그럴 때면 힘은 약해지셨어도 또랑또랑 맑은 목소리로 하고 싶은 얘기들을 쏟아 내셨다. 당신이 가꾸어 놓고 일했던 농토에 대한 애착은 이미 없었다. 그런데도 꿈을 꾸듯이 뇌이셨다. 만약에 다시 몸이 회복된다면 깊은 산중 맑은 물이 흐르는 곳에 터를 잡고, 감자를 심어 양식 삼으며 조용히 살고 싶다고 했다. 어머니가 금생에서 겪어온 시간 속에서 힘이 들 때마다 진정으로 쉬고 싶었던 세상이 그런 곳이 아니었을까. 삶의 무게가 오죽했으면 휴식을 꿈으로만 품고 사셨을까. 가슴이 저려온다.

올해도 봄이 오고 여름이 가고 또 가을은 올 것이다. 그러나 지나간 시간은 애타게 불러봐도 영영 오지 않는다.

4.

물의 노래

물안개 속에서 하늘에 닿을 듯이 크고 하얀 물체가 빙산처럼 다가오는데, 산이라면 조용하건만 이것은 거대한 소리를 내며 인간을 압도한다. 세상의 다른 소리는 다 묻혀버린다. 여기에선 오직 수신들의 합창만이 유일할 뿐이다. 그들만의 노래를 물안개에 젖어 듣노라니 세상의 걱정은 다 사라진다. 아니 그것들이 끼어들 틈이 없다.

물의 노래

미국 동부와 캐나다 여행의 이틀째 날이다. 결혼해서 3년째 미국에 사는 딸 내외가 해산달이 가까워 오자 부모를 초청했다. 예정일이 1주일 정도 여유가 있어서 5박 6일의 여행길에 오른 것이다. 미국의 동부 메릴랜드에서 우릴 태운 버스는 나이아가라, 토론토, 몬트리올, 퀘벡, 보스턴, 뉴욕, 그리고 다시 워싱턴으로 돌아올 예정이다.

어제는 미국 쪽의 나이아가라 폭포를 보고 국경을 넘어 캐나다로 왔다. 오늘은 캐나다 쪽의 폭포를 보는 날이다. 미국 쪽의 폭포는 여성적이라면 캐나다 쪽은 남성적이고 거칠게 느껴졌다. 아침 일찍 폭포를 보고 나이아가라의 전체를 보기 위해 스카이론 타워를 찾았다. 건물의 외벽을 타고 오르는 엘리베이터는 시야에 걸리는 게 없다. 전망대는 원형으로 되어 있고 사방을 모두 내려다볼 수가 있다.

높은 곳에서 바라보는 풍경은 조용하고 평화로웠다. 나이아가라 강물도 잔잔하게 보이고 거세게 쏟아지던 폭포들도 잠이 든 듯 한가롭게 느껴진다. 오른쪽으론 말발굽 모양의 캐나다 폭포가 보이고 건너편엔 코트 섬을 끼고 있는 미국 측 폭포가 눈에 들어온다. 왼쪽엔 레인보우 브리지가 양국을 이어주고 있다. 넓게 시냇물처럼 퍼져 흐르던 강물은 폭포로 낙하하면서 깊고 푸른 색을 띠고 있다.

안내자는 강을 내려다보며 설명한다. 세계 3대 폭포라 하면 '나이아가라'와 '빅토리아', 그리고 '이구아수'가 있다고 한다. 그중에서 이 폭포는 수량水量이 제일 많은 폭포라고 했다. 비교하여 말하면 나이아가라의 폭포가 1초에 쏟는 물이 우리네 욕실의 보통 욕조로 6백만 개 정도의 분량이라 했다. 어림할 수 없는 양에 입이 다물어지지 않는다. 메말라 가는 지구를 생각하면 이 나라가 마냥 부러워진다.

나는 저 깊은 강과 폭포들을 모두 답사하기 위해 '안개속의 숙녀호'라는 묘한 이름의 배를 타러 아래로 내려갔다. 유람선에 오르자 배는 물살을 가르며 폭포를 향해 간다. 모두가 파란색의 우비를 옷 위에 입고 같은 곳을 본다. 출발지점의 하늘은 맑고 푸르다. 주변의 건물들과 풍경도 모두 산뜻하다.

배는 나이아가라를 향해 점점 속도를 낸다. 처음 보이는 곳은 어제 보았던 '바람의 동굴'과 폭포다. 붉은색의 철제 사다리를 타고 오르며 물보라를 맞던 곳이다. '바람의 동굴'은 이름이 주는 기대감 때문에 가슴이 설렜던 장소다. 허나 승강기를 타고 내려가서 통과했던 지하통로는 바람 한 줄기도 불어오질 않았다.

배를 타고 바라보는 그곳은 어제의 시야보다 더 넓었다. 옆면에서 본 폭포는 거대한 백룡이 꿈틀꿈틀 허리를 뒤틀다가 머리를 물속에 박고 있는 것 같다. 점점 전체가 드러나자 그것은 더욱 웅장했다. 더불어 오묘한 소리의 화음으로 우릴 맞는다. 굵고 무거운 소리는 바위에 부딪히며 쪼개지고 솟구치는 물보라에 덮였다가 함께 뒹굴며 잘게 부서진다. 어제 이곳에선 모두 노란 우비를 입고 파란색의 샌들을 신었었다.

사람들은 거대한 자연의 힘 앞에 그저 순종하며 바람의 방향에 따라 물보라의 세례를 받는다. 물보라 속에 일곱 색의 무지개가 나타난다. 재빨리 카메라를 잡고 셔터를 누르려 하자 순간 사라져버린다. 그러길 몇 차례 만에 촬영에 성공했다. 변화무쌍한 여기는 누가 있기에, 폭포수 위로 쌍무지개가 떴다가 사라지고 또 솟는가.

엄청난 폭포수의 도리깨질 속에서도 틈새를 얻어 살아가는 것들이 있었다. 크고 작은 바위마다 초록의 이끼가 선명하다. 여기에 붉은 철제 계단이 사라지고 사람들이 없다면 태초의 모습이 아닐까 생각해 본다. 거센 폭포의 힘 앞에 나는 어깨가 움츠러드는데 하얀 갈매기들은 날개를 쫙 펴고 폭포 사이를 유유자적 넘나들고 있다.

배는 점점 깊숙이 물의 나라로 들어간다. 맑고 푸르던 하늘은 어디로 사라지고 뿌연 물보라만 자욱하다. 판타지영화의 한 장면처럼 몽환적인 풍경이다. 나이아가라의 모든 폭포 소리가 멀리서 가까이서 죄다 들려오는 듯하다. 바람의 변덕에 따라 각 방향으로 물방울 세례가 거세다. 서로 얼굴을 바라보니 단정한 모습을 한 사람은 하나도 없다. 우비가 바람에 부풀거나 쭈그러들어 모두가 바다에 표류 중인 사람들처럼 초췌하게 젖어 있다.

어릴 때 소낙비가 그치면 도랑물이 무섭게 불어나 콸콸 소리를 내며 흘렀다. 동생과 나는 장난기가 발동하면 기어가는 개미를 붙잡아 종이배에 태우고 물살을 따라 힘껏 밀어 보내기도 했다. 지금, 나는 짐작할 수 없는 물의 위력 앞에서 그때 종이배에 갇힌 개미의 심정이 되어본다. 점점 사방이 물의 벽에 갇히는 착각을 일으킨다.

배는 반환점을 찾아 한발 더 들어간다. 사면이 물의 굉음에 갇혔다. 배에 탄 사람들은 살아있는 세계와 죽은 세계의 중간에 와 있는 것 같다. 모두가 푸른 옷을 입고 미몽迷夢을 꾸는 듯이, 아니면 수신水神들의 합창에 넋을 잃은 듯이 손에 카메라 하나씩을 약속한 것처럼 들고 얼어붙어 있다.

물안개 속에서 하늘에 닿을 듯이 크고 하얀 물체가 빙산처럼 다가오는데, 산이라면 조용하건만 이것은 거대한 소리를 내며 인간을 압도한다. 세상의 다른 소리는 다 묻혀버린다. 여기에선 오직 수신들의 합창만이 유일할 뿐이다. 그들만의 노래를 물안개에 젖어 듣노라니 세상의 걱정은 다 사라진다. 아니 그것들이 끼어들 틈이 없다.

나이아가라의 폭포는 다가서는 사람들에게 고뇌에서 벗어나는 노래를 들려준다. 듣고 있노라면 마음의 무게를 잊게 해준다. 모든 차별이 없어지고 유한의 시간 속에서 무한의 꿈을 꾸게 한다. 나 자신의 존재조차 놓아버릴 것만 같다. 눈을 감고 웅장한 합창과 하나가 되어본다. 물보라가 되어보기도 하고 폭포수에 함께 부딪혀 산산이 부서져 보기도 한다.

얼마나 시간이 갔을까. 눈을 뜨고 심호흡을 한다. 이대로 조금만 더 있으면 온몸이 얼어붙을 것 같은 냉기가 엄습한다.

배는 다시 길을 찾아 머리를 돌린다. 폭포의 합창소리가 멀게 들려올 즈음 저당 잡혔던 시야에 햇살이 와 닿는다. 아직은 물의 영역에 있지만 나는 다시 저 바깥세상의 희로애락을 향해 손을 흔들고 있다.

(2012. 11.)

천 섬을 만나다

이번 미국 동부 여행에서 사흘째 날이다. 일찍 아침 조반을 들고 캐나다의 온타리오 호수를 따라 세인트 로렌스 강의 천 섬을 보러 출발했다. 크지 않은 선착장에는 사람들의 줄이 길기만 하다. 발 빠른 안내자의 덕분으로 표 사는 시간을 벌어서 잠시 주변을 둘러보게 되었다. 집도 많지 않은 조용한 물가다. 조금 멀리 강을 가로지르는 철교가 높게 보인다. 그 위로 자동차들이 바쁘게 오고 간다. 때맞춰 배가 들어오는 것이 보인다.

유람선이 손님을 가득 태우고 물결을 가른다. 하늘은 약간 흐려 있다. 아침 찬 기운에 막 깨어난 크고 작은 섬들은 아직 손님 맞을 준비도 되어있지 않은 듯한데 유람선은 무법자처럼 물결을 가르며 섬 깊숙이 파고든다. 배가 강물을 헤치고 들어

가니 보이는 것마다 새롭다. 오밀조밀 띄엄띄엄, 섬 위에 자리한 개성 있는 집들이 갖고 싶고 살고 싶은 풍경이다.

지금은 늦가을 단풍철이다. 울긋불긋한 색채가 섬들을 더 돋보이게 한다. 성을 닮은 집, 돌로 지은 집, 벽돌로 쌓은 집 등, 섬의 숫자만큼이나 건축양식도 다양하다. 색깔 또한 그렇다. 같은 모양의 집은 찾을 수가 없다. 간 간 지나는 하얀 요트와 보트들은 이 섬에 사는 사람들의 생활 수준을 짐작게 한다. 육지의 자동차와 같을 것이다. 집집이 개인 선착장이 있고 배를 몰고 건물 안으로 들어갈 수 있는 집도 보인다. 원래 이곳에 살던 캐나다의 원주민들은 이곳을 '신의 정원'이라 불렀다고 한다. 가히 지금의 풍경은 신과 인간의 합작품이 아닌가 싶다.

이곳 천 섬에는 아름답지만 가슴 아픈 이야기가 있다. 하트 섬의 볼트 성 이야기다. 주인공 조지 볼트는 독일 사람으로 역경을 이기고 고급 호텔의 경영자가 되었다. 많은 돈을 번 그는 아내를 위해 하트 섬에 아름다운 독일식 성을 짓기 시작했다. 사랑하는 아내와 말년을 행복하게 살기 위해서였다. 하지만 성이 완공되기 전에 아내는 병으로 세상을 떠나고 볼트는 상심한 끝에 하트 섬과 성을 버리고 떠난다. 그 건물들은 지금도 남아 오가는 이들의 마음을 빼앗고 있었다.

천 섬에는 약 1천 8백여 개의 크고 작은 섬이 있다고 한다.

그 많은 섬 중에 미묘한 내막을 가진 것도 있다. 두 개의 작은 섬이 산뜻한 짧은 다리로 연결되어 있다. 물론 집도 있고 주인도 같은 사람이다. 하지만 한쪽은 미국 땅이고 다른 쪽은 캐나다 땅이라고 한다. 두 나라에 세금을 내야 할 것 같다. 그 집에는 세 개의 국기가 펄럭인다. 양쪽에 미국과 캐나다 국기를 달고 가운데는 집주인 나라의 국기를 달았다. 가끔 구름 사이로 내리쪼이는 중추의 엷고 맑은 햇살은 이 별천지의 자연스러운 조명이 된다. 단풍이 어우러지고 푸른 호수 같은 강물 위에 섬과 집들이 사람의 솜씨를 빌려 한껏 나름의 맵시를 뽐내고 있다.

한 번쯤 저런 집에서 하루를 지내며 밝은 낮과 어두운 밤을 보내보고 싶은 생각도 든다. 더 욕심을 내면 비 오는 날과 눈이 오는 날, 그리고 바람이 세찬 날은 어떠한지 궁금해진다.

이곳은 지리적으로 오염이 적은 세인트 로렌스 강이다. 거슬러 오르면 바다같이 넓은 온타리오 호수를 만난다. 워낙 넓어서 집중호우에도 끄떡없다고 한다. 그러므로 천 섬의 수위도 변함이 없어 수많은 섬과 별장들이 그 덕을 보는 것이란다.

나는 천 섬의 항공사진을 인터넷을 통해 본 적이 있다. 푸른 숲 사이로 강물이 흐르는지 물 위에 숲이 있는지 모를 지경이다. 섬과 강물의 비율이 반반이다. 갖가지 동물들의 형상이 지도처럼 누워있다. 그런 아름다운 조화는 사람의 힘이 아닌 신의 작품일 것이다.

그곳은 이미 세계적인 관광 명소가 되어 있다. 원시 그대로 내버려 뒀다면 섬들은 어떠한 모습일까. 아마도 천 개의 보고로 남아 있지 않을까. 숲은 우거져 나무가 부러지기도 하고 온갖 풀씨는 바람에 날아와 절로 싹을 틔우고 또 꺾이며, 새들이 먹고 배설한 온갖 과일 씨들은 나무가 되고 고목이 되고 또 새순을 틔울 것이다. 평화로이 숨을 쉬며 숲 속을 달리는 동물은 또 얼마나 많겠는가. 갈대를 헤치고 뱃삯 없이 나룻배를 탄 사람들이 들어온다면 그들은 이 섬에 머무는 주인들이 아니라 그저 잠시 지나가는 행인일 뿐이지 않겠는가.

처음 배가 출발할 때 보았던 높은 철교가 다시 보인다. 저 다리는 미국의 뉴욕주와 캐나다의 온타리오주를 연결하는 다리라고 들었다. 그러고 보니 동부의 세인트 로렌스 강은 두 나라의 국경을 흐르는 아름다운 강이다. 서로가 상생하고 같이 보호하는 우정의 강이다. 다리를 건너서 마음대로 오고 가는 자유의 강이다. 그리고 천 섬을 안고도 지치지 않는 생명의 강이다.

뱃머리에 나와 강을 바라본다. 많은 섬들 사이로 부딪히며 흐르는 이 강물은 네것 내것 구분 없이 평화스럽기만 하다. 내

땅이요 네 땅이요 하는 시비도 일어나지 않는다. 유유히 흘러갈 뿐이다. 아무리 좋은 것을 만나도 우쭐하지 않고 험한 곳을 지나도 타박하지 않음이다. 다만 모든 것을 받아들이고 순응할 뿐이다. 잠시도 쉬지 않으며 자신을 맑게 가라앉히려 부단히 노력한다. 세인트 로렌스 강의 푸른 물결은 천 섬을 보듬고 흘러가느라 품성이 더 순하고 넉넉한 것 같다.

배가 다시 선착장에 손님들을 쏟아 놓는다. 줄지어 선 사람들의 모습도 여전하다. 천 섬에 별장을 가지고 요트와 보트를 소유한 부호들과, 그들의 집과 천혜의 섬을 보기 위해 배를 기다리는 사람들이 무엇이 다르고 무엇이 같을까. 각각 주머니 사정은 다를지 몰라도 아름다운 세인트 로렌스 강과 천 섬의 비경이 영원히 훼손되지 않기를 바라는 마음은 모두가 같을 것이다.

(2012. 10.)

푸른 도시 주롱

도시가 깨끗하고, 수돗물이 깨끗하고, 공무원이 깨끗하기로 소문난 나라. 싱가포르에 도착한 다음 날, 우리는 6백여 종의 새가 커다란 울타리 안에서 서식하는 주롱 새 공원을 찾았다. 부채꼴 모양의 원형 좌석들이 놓여 있고 앞쪽 낮은 곳에 공연장이 있다.

우리나라는 새를 그물 안에 가둬 기르지만 이곳은 새들을 그냥 숲 속에서 기른다. 세계에서 제일 큰 규모의 새 공원이란 명성에 걸맞게 그 크기에 놀랐다. 파노레일이라 불리는 냉방이 시원한 차를 타고 공원을 공중으로 한 바퀴 돌았다. 내려다보이는 공원 곳곳에 플라밍고 무리며 오색의 앵무새들, 그리고 울창한 열대의 나무숲이 어우러져 그야말로 새들의 낙원이다.

주롱 새 공원의 백미는 버드쇼다. 공연장 옆으로 대형 선풍기가 돌아가고 그 속에서 습도를 조절하는 분무가 시원스레 뿜어져 나온다. 반원형 좌석을 꽉 채운 관광객을 볼 때 새들의 쇼가 곧 시작될 것 같았다. 삼십 분 동안 진행된 이 공연은 플라밍고 춤마당과 매들의 비행, 앵무새의 편지 전달, 말하는 앵무새 쇼 등 새와 사람 간의 긴밀한 소통으로 이어졌다.

이 나라의 주롱 강 유역을 따라 최대 공업도시인 주롱공단이 자리하고 있다. 이 지역은 싱가포르의 남서쪽 끝에 있다. 여기는 1년 내내 바람이 한쪽 방향으로만 분다고 한다. 중국 화교가 대부분 주인인 나라, 그들은 그곳에 공업단지를 만들었다. 공장 굴뚝에서 나오는 연기는 싱가포르에 떨어지지 않고 인도양으로 날아가 버린단다. 환경이 깨끗한 나라를 만들기 위한 계획된 터잡기였다.

4, 50년 전까지만 해도 이곳 주롱 공업단지에는 한국에서 온 여공들이 일을 했다고 한다. 중등교육 이상을 받은 처녀들이 꿈을 안고 먼 바다를 건너왔다. 시간이 흐름에 그녀들은 결혼을 해야 했고 대부분 현지 남성들과 맺어졌다. 부지런하고 알뜰한 한국여성들에 비해 문제는, 그곳 남편들이 무능하고 게을렀다는 것이다.

우리를 안내해 주는 사람은 신이 나서 이야기를 계속했다. 평강공주의 후예인 그녀들은 공장에서 일을 계속하며 남편들을 학교에 보냈다. 끊임없는 내조 덕분에 실력을 쌓은 남자들은 사회에서 좋은 직장을 얻을 수 있었다고 했다. 많은 세월이 흐른 지금은 거의가 성공한 상류층의 생활을 하고 있다고 한다. 그 소문은 싱가포르에서 아름다운 이야기로 전해지고 있단다. 덕분에 이 나라에서 한국 여성의 위상은 하늘을 난다고 했다.

주롱공단의 한국 여공들이 시작한 교육 열풍은 고국의 젊은 엄마들에게 메시지가 되었음일까. 요즘엔 초등교육을 받기 위해 아이를 데리고 싱가포르을 찾는 기러기 엄마가 셀 수 없이 많다고 하니, 한국 여성들의 교육열은 세계사의 한쪽을 차지하기에 마땅하지 않을까 싶다.

주롱 새 공원과 공단이 있는 도시는 서로 맞지 않는다. 우거진 숲 속의 새와 사람들의 휴식처, 그리고 공장 굴뚝의 매연은 전혀 상반된 느낌이지만 어느 것도 모나지 않게 잘 어우러지고 있단다. 굴뚝의 매연을 적도의 바람이 서쪽으로 몰아내기 때문이다. 이 바람은 뛰어난 능력의 풍수도사다. 푸른 도시의 공원화는 싱가포르의 부흥으로 이어진다. 새들이 지저귀는 소리와 공단의 기계음이 서로를 방해하지 않는 도시다.

싱가포르 사람들의 노력은 근대사에 본보기가 된다. 붉은 황무지의 버려진 땅 위에 중국계 화교들이 내려와 삽질을 시작했다. 붉은 땅을 녹색으로 바꾸는 일이 우선이었다. 반세기 동안 가꾸어온 숲은 아름다운 도시를 키워냈다. 앞면만 깨끗한 것이 아니라 뒷면도 그러하다. 주롱 새 공원의 아름다운 숲만이 아니다. 국토가 그대로 열대의 식물원이다. 우리나라 제주도의 반밖에 안 되는 땅을 꽃밭을 가꾸듯이 정성을 쏟은 것이다.

숲이 우거지면 공기만 맑아지는 것이 아닌가 보다. 그 속에 생활하는 지도자와 국민의 머리도 따라서 맑아지나 보다. 아직도 곤장을 치는 태형이 존재하는 나라다. 이런 엄격한 징벌 때문인지 우거진 숲의 산소 덕분인지 주롱 시내의 모든 것이 바깥온도와 상관없이 청정해 보인다. 깨끗한 생각을 하는 사람들이 깨끗한 환경을 만들어 낸 기적의 숲에 서서 심호흡을 하며, 내 몸과 마음의 찌꺼기들을 맑은 산소로 씻어내 본다.

(2009. 3.)

사월에 내리는 눈

친구들 넷이서 여행을 떠났다. 갑년을 맞아 오랜만에 뭉쳐서 집을 나선 것이다. 행선지는 강원도로 정하고 일정은 3박 4일쯤이면 좋겠다고 의견을 모았다. 아직은 찬 봄바람에 희끗희끗한 머리카락을 휘날리며 청량리역에서 강릉행 열차에 올랐다. 천천히 달리는 무궁화호의 차창으로 정겨운 시골 역들이 이름표를 달고 자기소개에 충실하다. 열차는 제천을 거쳐서 영월을 지나 깊은 산 속 터널을 무수히 통과하며 달렸다. 강릉에 내리니 부슬비가 내리고 있다. 일행은 택시를 타고 선교장으로 향했다.

초저녁, 부슬비 속에서 우릴 기다리고 있는 고택의 모습은 고요함이 지나쳐서 침 삼키는 소리마저 조심스러웠다. 대문 안으로 들어가 잠시 서 있자니 나이 지긋한 안내자가 손님을 맞는다. 야트막한 뒷산은 솔밭이다. 소나무들이 이 고택의 역사를 잘 말해주는 듯하다. 우리는 이곳의 행랑채에 짐을 풀었다. 환갑을 맞은 여인들의 목소리가 가라앉아 있다. 오랜만의 외출 탓일까. 아니면 방 안의 분위기 탓일까. 조선 시대의 반가에서 사용했을 것 같은 실내 장식은 어쩐지 편안하고 친숙하게 느껴졌다.

마당의 외등도 꺼진 한밤중이다. 모두 체력의 한계를 느끼면서도 자정이 넘어서야 잠자리에 누웠다. 기와집 추녀에서 떨어지는 낙수 소리가 창밖에서 들린다. 빠르지도 느리지도 않은 속도로 추적추적 내린다. 귀는 이미 빗소리에 젖어 외진 고택의 나그네임을 잊어버렸다. 낙수 소리 따라 내 마음도 간다. 내 생각 따라 낙수도 따라 온다. 낙수와 나는 하나가 되어 어릴 적 고향의 원두막으로, 보를 막고 놀던 개울가로, 들깨 모종을 하던 어머니의 굽은 허리까지 종횡무진으로 빗속의 추억을 더듬고 있다. 지금 몇 시나 되었을까. 낙수 소리가 그치지 않으니 오늘 밤은 눈과 귀가 따로 놀아야 할 것 같다.

아침에 창문을 여니 간밤에 내리던 비는 그치고 목화송이 같은 함박눈이 날린다. 우린 우산을 받쳐 들고 걸음을 옮겼다. 열화당悅話堂 앞마당엔 아직 동면 중인 묵은 능소화나무가 서 있다. 뜨겁던 날에 적황색의 소담스런 꽃을 피워냈을 나무가 고개 숙인 채 침묵하고 있다. 그 옛날, 이 마당에서 또는 실내에서 가까운 사람들과 모여 담론을 즐기던 고택의 주인장과 손님들은 다 어디로 가고, 지금은 텅 빈 마당에 흰 눈발만 흩날리고 있는가.

작은 담장 너머로 넘겨다보니 함박눈을 뒤집어쓴 장독들이 포근한 모습으로 가지런하다. 미루어 예부터 안주인의 손길이 이어온 장소이리라. 3백여 년의 긴 시간을 흐트러짐 없이 지켜온 이 고택의 안주인들은 어떤 마음으로 살아왔을까. 희로애락의 소용돌이가 왜 없었을까마는 가마의 열기를 이겨낸 장독들처럼 무던히 참아내야 안방에 들어가서 열쇠를 손에 받았으리라. 세월의 증인인 장독들을 바라보니 육십 년 잘 버텼다고 으쓱했던 마음들이 꼬리를 내리고 숨어버린다.

고택의 기와지붕 위로 함박눈이 겨울인 양 내린다. 모처럼 집 떠난 길손들의 마음을 떠보려 한다. 우산을 쓴 채 담장 밖으로 나섰다. 바람이 가세하니 우산이 힘에 부친다. 담장 너머로 안채의 많은 지붕이 보이고 저마다 한 마디씩 말을 하려다가 쏟아지는 눈 때문일까, 다시 표정을 바꿔버린다. 시선을 낮은 곳으로 돌리니 마당 가 화단에는 새순들이 벌써 나와 눈 속에 고개를 숙이고 있다. 잎이 넓적한 푸른 것들과 잎과 줄기가 붉은 모란이 보인다. 이것들은 지금 시련의 시간을 보내고 있다.

바깥마당에서 걸음을 옮기다가 눈을 들어 소나무 숲을 본다. 이 고택의 뒷덜미와 좌우를 감싸고 있는 동산이다. 중후하게 자란 적송들은 눈보라 속에서도 흔들림이 없이 너그러운 표정이다. 세간사에 초연하여 권력과 부귀영화도 나는 싫다 했던 효령대군의 기품을 닮은 듯하다. 세종대왕을 만들기 위해 그 형제들의 눈물 어린 양보는 후세에 아름다운 얘기로 기억되고 있다. 그중에 한 분이 효령대군이며 이 터에 처음으로 주춧돌을 놓은 사람은 대군의 십일 대손이라 한다. 선대의 뜻이 좋으면 후손의 미래도 역시 그러할 것이다. 함박눈은 아직도 나그네를 풀어 줄 생각이 없나 보다.

발걸음을 옮기며 한 곳을 보니 갓 피어난 매화꽃이 역시 매서운 눈보라에 시달리고 있다. 예쁜 며느리가 무조건 미워서 닦달하는 옛 시어미처럼 눈송이로 마구 내리치고 있다. 한마디 변명도 못 하고 축 늘어져 있으나 매화꽃은 내일을 알고 있을 것이다. 이 시련이 오래잖아 지나가고 맑은 날이 오리란 것을.

그런 꽃을 바라보니 가까운 친구의 힘들었던 시집살이가 스쳐 간다. 갓 시집와서부터 따듯한 말 한 번 건네받지 못한 시어머니를 지켜보며 살아야 했던 며느리였다. 젊은 날의 가슴앓이를 어찌 다 알 수 있을까마는, 위기를 잘 넘기고 무던히 견며 내어 마지막까지 소임을 다했다. 그 와중에도 아들을 잘 길러 냈다. 손자 손녀들 웃음소리에 어찌 할머니가 웃지 않을 수 있겠는가. 삶의 마지막 시간에 "미안했다. 그리고 고맙다."라는 말을 훈장처럼 받았다고 했다.

지금의 자리는 지난날의 거울일 것이다. 엄동설한의 눈보라뿐만 아니라 예기치 않은 때아닌 함박눈까지, 힘든 시간을 참고 기다린 결실이다. 세월의 길손인 우리는 눈발 속에서 우산을 내리고 하늘을 본다. 떨어지는 눈송이에 얼굴을 맡기고 말없이 미소를 주고받는다.

우산 네 개가 함박눈에 덮인 마당을 천천히 걷는다. 까르르 까르르 웃음소리가 눈보라를 타고 퍼진다. 지금까지 서로 다른 모습으로 살아왔고 목소리도 다르지만 웃음소리의 의미는 하나다. 이 순간만큼은 모두가 나이도 잊고 행복하다. 떠나오기 전의 부담이나 집에 돌아갔을 때의 일상들이 말끔히 지워져서 눈처럼 하얀 세상 그대로였다. 다음 행선지를 향한 걱정도, 눈보라에 대한 원망도 남아 있지 않다. 환갑이란 나이가 주는 여유일까. 빨갛게 언 코와 둔해진 입을 서로 바라보며 한바탕 동심으로 돌아가 웃어 본다.

(2012. 4.)

그 호수를 톤레삽이라 불렀다

씨엠레아프공항이 가까워지자 눈 아래 펼쳐지는 풍경이 이해하기 힘들었다. 비가 많이 와서 붉은 황토가 범람하여 온 들판을 집어삼키고 아직도 심술을 부리고 있는 것처럼 보였다. 우리는 3박 4일의 일정으로 앙코르와트를 보기 위해 캄보디아로 가는 중이었다. 오후에 비행기에서 내리자 바로 안내자의 안내를 받으며 숙소로 향했다.

지금 이곳은 건기라 하지만 남국의 후텁지근한 날씨는 우리나라 한여름 같기만 하다. 간편한 차림으로 숙소를 나선다. 첫 번째 관광을 위해 버스가 움직였다. 일행이 내린 곳은 처음 보는 풍경이었다. 붉은 바다다. 홍수가 범람하여 흙탕물이 가라앉지 않은 바다다. 끝이 보이지 않는 물 위에 군데군데 나무들이 무성하게 자라고 있다. 바다라면 나무들이 자랄 수 없지 않은가. 그러면 여기가 호수였던가.

선착장에서 유람선을 타고 붉은 호수를 향해 물살을 헤친다. 호숫가에는 다리가 긴 수상가옥들이 위태롭게 늘어서 있다. 대부분이 여기서 고기를 잡아 생계를 꾸려가는 사람들이라 한다. 주민 대개가 베트남전쟁 때 보트에 몸을 싣고 고국을 떠나 이곳으로 모여든 난민들이라 했다. 우리나라도 한국전쟁이라 일컫는 6·25전쟁 때 피난민의 행렬이 끝이 없었다고 들었다. 정든 고향을 떠나 낯선 곳으로의 이동이 힘들고 막막했을 것이다.

일행을 실은 배는 호수 안쪽으로 물살을 가른다. 푸른 호수의 잔잔하고 아름다운 낭만을 여기서는 찾을 수가 없다. 더운 바람 속에 직사광선을 피해 푸른 색이 흔들리는 곳을 본다. 무수한 나무가 물속에 뿌리를 내리고 물결을 타며 지나가는 바람과 놀고 있다. 가까이 접근하자 낯익은 초록의 무리가 파도타기를 시작한다. 우리나라에서도 볼 수 있는 부레옥잠의 군락이 수천 평, 아니 수만 평의 넓이로 물 위에 떠 있다. 아이들 어릴 때 자연 시간 준비물로 부레옥잠을 가져오라고 한 적이 있었는데, 그때 구하기가 힘들어서 온 동네 꽃집을 헤매고 다녔던 생각이 떠오른다. 그 부레옥잠이 여기엔 이렇게 셀 수 없이 많다니. 내 마음을 아는지 모르는지 자자손손 번창한 그들은 물의 리듬에 맞추어 몸을 출렁이며 어깨동무를 한 채 그 멀미를 즐기고 있다.

배가 잠시 멈추어 섰다. 어느새 호수 안쪽 반환점에 와 있다. 물 위에 지어놓은 휴게소 건물이 보인다. 배의 시동이 꺼지자 주변으로 모여드는 아이들이 있었다. 까만 얼굴에 눈만 반짝이는 다섯 살 안팎의 남자아이들이 붉은 고무통을 타고 노를 저으며 배로 몰려든다. 캔 음료수와 기타 잡화를 들고 천 원을 외치며 떠날 줄을 모른다. 그 와중에 한 아이와 눈이 마주쳤다. 나지막한 고무통을 타고 한 곳에 앉아서 천진불처럼 웃음을 보낸다. 세상에 이보다 더 아름다운 풍경이 있을까. 나도 마주 보며 웃음을 보냈다. 잠깐 후, 내 마음이 흔들렸다. 그 웃음은 그대로인 채 두 손을 포개며 우리말로 '천 원만'이라고 한다. 어린아이들이 깊은 물 위에서 위험하게 돈벌이를 하고 있다. 한국전쟁 전후인 5, 6십년 대의 참상을 떠올리며 아픈 마음을 달래본다. 미군 트럭을 뒤쫓으며 먹을 것을 달라고 소리치던 그 모습들이 스쳐 간다.

배가 수상가옥들을 끼고 천천히 나아간다. 여인네들이 그 물을 퍼서 머리를 감고 빨래를 하고 몸을 씻는다. 황토물 속에서는 구분이 없어 보인다. 따로 화장실이 있는 것도 아니고 모든 오물은 그 호수가 받아들여 정화시켜 주나 보다.

말없이 꿈틀거리는 톤레삽 호수. 그 크기만큼이나 가슴도 넓어 보인다. 호수를 의지하는 생명을 모두 껴안고 그 마음마저 보듬어 주는 황토 빛 시야. 등짐 가득 지고 고개 넘는 자식을 바라보는 어머니처럼, 늘 마음이 저려서 쉴 수도 없는 슬픈 모정을 보는 듯하다. 그 품으로 모여든 가난한 자식들을 넉넉히 거두지 못하는 아린 모정이 지금 여기서 흐느끼고 있다. 깃든 사람들의 사연이 너무 아파 늘 충혈된 눈으로 하루 온종일 저리 붉게 우는가….

어디를 가나 사람의 마음은 통하는 데가 있나 보다. 다섯 평도 안 될 것 같은 물 위의 집들. 그 집집이 화분에 붉은 꽃들이 피어 있다. 그릇에 뿌리를 심어 싹을 틔우고 때맞춰 물을 주고 볕을 쪼여 그들의 희망처럼 붉은 부겐빌레아꽃을 매달고 있다. 수상가옥뿐만이 아니라 길가 곳곳에도 군락을 이루어 환하게 피어 있다. 자연은 사람을 탓하지 않고 환경을 가리지 않고 늘 그곳에서 최선을 다하는가보다.

검게 그을린 살갗에 남루한 옷은 물질적으로 빈곤함을 표시하지만 진정한 행복은 물질만이 절대적은 아닐 것이다. 부유하고 잘 사는 나라 국민이 결코 행복지수가 높은 것은 아니라고 들었다. 캄보디아의 국민소득은 모든 국가 중에 끝에서 상위권이지만 그들의 행복지수는 앞에서 상위권이라고 한다. 아시아에서 제일 큰 호수가 톤레삽이다. 물속의 어종도 헤아릴 수 없이 많단다. 그것은 주민들의 마른 살가죽과 뼈에 피가 되고 약이 되어 준다. 붉은 물 위에서 길을 찾고 있는 사람들. 날로 발전하고 안정을 찾은 그들의 고국 베트남에 이제는 돌아갈 수 없는 것인가.

일정을 끝내고 돌아오는 비행기를 탔다. 눈을 감고 잠을 청해 본다. 눈앞에 떠오르는 것들 중에 나를 끝까지 따라오는 것이 있었다. 그건 앙코르와트의 고색창연한 신비한 사원도, 담벼락을 휘감은 거대한 나무뿌리도 아니며, 물웅덩이마다 피어 있던 소담스런 연꽃도 아니다. 검은 얼굴에 천진한 미소를 날리던 아이 모습이다. 톤레삽의 거친 품에서 자라갈 여린 남자아이의 얼굴이다. 두 손을 가슴으로 모아 본다.

(2006. 11.)

미완의 도시 폼페이

—서유럽 여행 1

이번 서유럽 여행은 8개국을 2주 동안 둘러보는 일정이다. 말 그대로 눈앞의 것들을 보기도 바쁘다. 아이들이 학생일 때 각각 유럽으로 배낭여행을 보내 주었다. 그때 아들이 돌아와서 하는 말이, 좋은 점을 말로 다 설명하기가 어려우니 엄마 아빠를 다음에 꼭 구경시켜 드리겠다고 너스레를 떨었다. 그냥 해 보는 말로 듣고 지나쳤는데 올해 회갑을 맞아 아이들이 그 약속을 지킨 것이다. 유럽 일정 중에 이탈리아에서 보내는 시간이 가장 길다. 남부와 로마, 그리고 피렌체와 베니스, 마지막으로 밀라노를 둘러볼 예정이다.

오늘이 유럽에서 맞는 일곱 번째 날이다. 우린 버스로 이동하여 폼페이에서 내렸다. 숨소리가 멎었다고 들은 고대도시 폼페이. 하늘은 높고 푸르다. 큰길을 걸으며 바닥을 살핀다. 사각형의 돌로 고르게 깔아 놓았다. 큰길과 골목길에 깐 바닥 돌 모양이 다르다. 그 당시에도 소로와 대로를 구분했던 모양이다. 여기저기서 공사하다가 멈춰버린 현장처럼 대리석과 돌과 붉은 벽돌로 된 미완의 건축물이 서서 시위를 하는 듯하다.

골목길을 걷는다. 거무스름하고 넓적한 돌들이 거북등처럼 깔렸다. 그때 사람들은 공사를 할 때 족히 만 년을 내다보고 한 것처럼 바닥이 튼튼해 보인다. 하늘엔 태양이 이글이글 타고 있다. 사람이 살지 않는 텅 빈 도시에서 나는 무엇을 찾고 있는가. 주인도 없는 집에 들어가 몰래 기웃거리는 사람처럼 그렇게.

골목길은 당시의 수많은 사람이 여유롭게 오고갔을 길이다. 부부와 가족이 단란하게 걷기도 하고 연인들이 손잡고 호젓하게 걸어도 좋았을 길이다. 돌의 표면이 매끄러우니 오고갔을 사람들과 세월을 짐작게 한다. 지금 내가 걸어도 발끝에 걸림이 없다. 솟아오르거나 깨진 돌이 보이지 않는다. 누가 이리도 견고한 공사를 할 수 있었을까. 감탄이 나온다.

골목을 돌아 붉은 벽돌집 앞에 서서 안으로 들어섰다. 문간엔 수도가 있었다. 바닥보다 낮은 사각형의 물받이 틀이 그대로 있다. 또 안쪽엔 바닥에 정교한 그림이 그려져 있다. 유색의 돌 같기도 하고 타일 같기도 한 조각으로 모자이크화를 섬세하게 붙여 놓았다. 입구口 자 안에 네모를 넣은 것과 만卍자를 정교하게 연결한 작품이다. 눈을 들어 벽을 보니 그림이 그려져 있다. 뱃사람인 듯한 두 남자가 건장하게 서 있다. 이곳은 좀 전까지 막 살림을 하다 잠깐 나간 것 같은 착각이 인다.

어느 골목으로 접어들자 공사가 덜 끝난 듯 철창문이 벙긋이 매달려 있다. 짓다가 만 붉은색의 기둥과 벽들이 즐비하게 늘어서 있다. 건축자재가 모자라서 공사가 중단된 채로 버려둔 것 같기만 하다. 여기저기서 아우성치는 소리가 들리는 것 같다. 나에게 지붕을 얹어달라고 또는 대문을 달아달라고, 그리고 생명을 불어넣어 달라고 웅웅거리는 듯하다.

둥근 돌이 깔린 골목 양옆으로 인도처럼 생긴 약간 높은 길이 나 있다. 마차를 타고 와서 내린다면 높이가 딱 맞을 것 같다. 한참을 걷다 보니 아궁이가 있고 솥을 걸었던 것 같은 구멍이 위로 몇 개 뚫려 있다. 부뚜막은 알뜰한 주부가 공사장에서 쓸 만한 대리석 조각을 주워서 붙여 놓은 모습이다. 길가에 자리 잡은 부뚜막이라면 음식장사를 하지 않았을까. 우리는 또 돌이 깔린 길을 바쁘게 걷는다.

그런 골목들을 지나 수천 년 전의 남성 대중탕으로 갔다. 상하와 사면이 온통 대리석이다. 붉은색이 적당히 흘러들어 간 것이 아름답다. 원형의 큰 탕과 특별한 손님이 사용했을 것 같은 작고 둥근 욕조가 받침대 위에 놓여 있다. 아치형의 천정엔 채광창이 뚫려있고 햇볕이 쏟아져 들어온다. 천정에 맺힌 수증기가 벽을 타고 내려오도록 만들어져 있다. 벽에는 유색의 문양이 있어 당시의 미적 감각을 엿보게 한다. 수도꼭지를 틀면 욕조에 물이 금방 넘칠 것만 같다. 지금의 시설과 비교해도 손색이 없다. 그 물속에 앉아 여유를 즐기던 당시 사람들의 생활상이 풍요롭게 스쳐 간다.

다시 밖으로 나오니 시야에 보이는 것은 모두가 미완의 건축물들이다. 완성되지 않은 시가지를 벗어나서 어귀로 나왔다. 갈래 길이 나 있다. 그곳엔 마을의 공동 수도가 설치되어 있다. 큰 사각형의 돌로 된 물받이가 있고 넓적한 기둥엔 수도꼭지가 매달려 있다. 모든 건물이 완성되고 사람들이 모일 때 꼭지를 튼다면 맑은 물이 콸콸 쏟아질 것 같다.

사람들이 웅성웅성 모여 있다. 둥근 원형의 돌을 앞에 놓고 무엇에 쓰는 물건인가를 알려고 떠들고 있었다. 나도 비집고 들어가 살펴보니 감을 잡을 수 없다. 둥근 돌이 목이 잘록하고 밑은 둥글게 퍼지고 옆으로 사각형의 문처럼 구멍이 뚫려 있다. 어찌 보면 밤에 불을 켜는 등 같기도 한데 궁금증이 가라앉질 않는다. 맨 아래는 원형의 큰 돌이 받히고 있었다. 그때 안내자가 등장했고 용도는 맷돌이라 했다. 그러고 보니 원통

위에 원통을 씌우듯 올려놓은 게 보였다. 상체가 떨어져 나간 모습이다. 그 맷돌이 도는 모습을 상상해 본다. 깨진 부분을 그려서 채워 보니 우리나라의 장고杖鼓를 닮았다. 분명 혼자 돌리기는 벅찬 도구다. 키가 큰 서구의 여인들이 모여서 이 맷돌을 돌리며 살림살이를 얘기했으리라. 우리의 옛날 우물가 문화가 연상된다.

조금 높은 곳에 올라가 사방을 살펴본다. 대리석의 기둥이라든지 모든 건축물이 몇몇을 제외하고 거의 붉은색을 띠고 있다. 땅에 뿌리가 박힌 채 잘린 나무가 새순을 틔울 꿈을 꾸는 것처럼 폼페이의 이 붉은 건물들은 푸른 하늘을 이고 아직도 숨을 쉬고 있다. 누군가가 흙을 바르고 돌을 다듬고, 지붕을 올리고 문을 달아주길 기다리고 있다.

폼페이의 하늘은 맑고 높다. 2천 년 전의 악몽은 밖으로 눈을 돌리면 어디에도 없었다. 모두가 꿈을 꾼 것 아닐까. 화산재에 파묻혀 무너져 내린 건물의 잔해가 발굴되지 않았다면 상상하기 힘든 일이다. 허나 이 도시의 잔해들은 잔해가 아니었으면 좋겠다. 이렇게 넓고 평화로워 보이는 도시에 희망을 갖고 싶다. 아직 마무리 짓지 못한 미완의 도시라고 말이다. 그러면 꿈이라도 품을 수 있으련만.

축대 밑으로 내려오는 길에 사람들이 모여서 사진을 찍는다.

푸른 나무들 사이로 붉은 꽃이 보인다. 나도 낯익은 모습에 다가가 본다. 석류꽃이다. 이 나무의 뿌리는 언제부터 이곳에 있었을까. 당시에 묻혔다가 다시 소생한 것은 아닐까. 애써 감추고 싶었던 무거운 마음이 주렁주렁 매달린 꽃 종을 보는 순간 사라져 버린다.

바람이 분다. 걸림이 없는 바람이 분다. 고금古今을 초월하여 자유로운 바람이다. 오가며 보고 들은 수많은 얘기를 혼자만 안고 가는 바람이다. 저 바람은 여기 폼페이의 모든 것을 알고 있으리라. 자신은 숨기고 다른 것들을 통해 존재를 보이는 천의 얼굴로 만물을 깨우는 바람이 지금 이곳을 스쳐 간다.

(2012. 봄)

로마로 가는 길

—서유럽 여행 2

화산 폭발로 약 2천 년 전 사라졌던 비운의 도시 폼페이를 둘러보고 우린 기차를 타고 소렌토로 향했다. 태양은 강렬하고 하늘은 푸르기 짝이 없다. 낡은 기차는 덜컹거리며 조금 달리더니 작은 역에 멈추었다. 소도시 소렌토에 도착한 것이다.

기념품을 파는 골목을 지나 소렌토 항구로 내려가는 언덕에 서서 주변을 살핀다. 천 길 낭떠러지 절벽이다. 푸른 바다는 잔잔하고 항구는 아주 작았다. 유람선과 작은 보트 몇 척만을 대 놓고 있어 한가로운 풍경이다. 성급한 사람들이 벌써 일광욕을 즐기는 모습이 보인다. 우리는 계단을 밟으며 항구로 내려갔다.

항구 쪽에서 올려다보는 소렌토 해안은 절경이었다. 까마득

한 암벽 위의 고풍스럽고 정갈한 건물들이, 역사 속 유명한 사람들과의 일화들을 하나씩 간직한 채 바다를 향해 조용히 앉아 있다. 왼쪽으로 보이는 절벽 위에도 옛 자취의 건물들이 마을을 이루고 역사의 증인들처럼 자리 잡고 있다.

바다 건너로 높은 산 하나가 희미하게 눈에 들어온다. 바로 그 베수비오 화산이다. 붉은 벽돌과 대리석으로 튼튼하고 아름답게 건축한 도시 폼페이를 하루아침에 덮어버린 무시무시한 화산이다. 낙진落塵 속에서 파낸 시가지를 둘러보고 온 직후라서 그럴까. 베수비오 화산의 위력에 모골이 송연해진다. 지금도 숨을 쉬고 있다는 그 화산은 평온한 모습 뒤에 무서운 전력을 감추고 있다.

항구에서 유람선으로 나폴리를 향해 떠났다. 원래 일정에는 카프리 섬을 들러서 아름다운 섬의 풍광을 보려 했는데 그곳 주민들이 관官에서 뱃삯을 올렸다는 이유로 당일 파업 중이라 했다. 가던 날이 장날이 되어버렸다. 카프리 섬의 하얀 절벽산을 보지 못한 아쉬움이 크다. 우릴 태운 유람선은 푸른 물결을 가르며 달린다. 나폴리 항이 멀리 보인다. 정박 중인 하얗고 산더미 같은 크루즈선이 점점 뚜렷이 다가온다. 물결이 푸르고 큰 항구다.

육지에 내려 나폴리의 중심 시가지를 버스로 이동한다. 차창으로 보이는 아파트는 벽에 페인트칠이 벗겨져서 얼룩이 져 있다. 난간마다 걸린 빨래들이 바닷바람에 거칠게 펄럭이는 것이 마치 빈민촌에 들어온 듯한 착각이 든다. 작은 주택들은 가꾸지 않은 흔적들이 곳곳에 보이는 것이 세계적인 미항이라는 나폴리의 소문에 맞지 않는 모습이다. 차는 시가지를 벗어나 고속도로에 들어섰다. 이제 로마로 가는 길이다.

모든 길은 로마로 통한다고 했다. 그만큼 각 지방에서 모여드는 중심적 역할을 했을 것이다. 도로변 풍경은 그다지 풍요롭지가 않았다. 이탈리아 남부의 특징은 넓은 평원보다 산이 제법 많다. 작은 공장들이 철문이 닫힌 채 녹슬어 있고 사람의 그림자는 보이지 않았다. 빈 농가들의 모습이 눈에 띈다. 그 모습도 우리와 닮았다. 독일이나 네덜란드처럼 지붕의 길이와 경사가 길지 않았다. 농경지엔 밀과 옥수수, 그리고 올리브와 포도들이 자라고 있었다.

도로변의 넓은 올리브밭에는 희뿌옇고 작은 올리브 이파리들이 바람에 흔들리는데, 이 꽃은 아주 작으며 나무의 수명이 2천 년 정도 된 것도 있다고 안내자가 말했다. 열매는 식용유로 쓰인다. 전통 방법으로 짜낸 기름은 향이 좋아서 샐러드용으로 많이 쓰이며 가격도 높다고 한다. 성분은 우리나라의 들기름처럼 불포화지방산이 들어 있단다.

차창으로 누렇게 익은 넓은 밀밭이 들어온다. 거기엔 붉은 양귀비꽃들이 그 사이에서 목을 내밀고 밀과 한 식구라고 선웃음을 치고 있다. 그 양으로 볼 때 그럴 수도 있을 것 같다. 밀밭 사이로 굽이굽이 트랙터의 바퀴 자국이 선명하게 나 있다. 밀과 꽃이 공존하는 이유가 짐작이 간다. 농부가 씨앗을 뿌리면 거둘 때나 밭에 나오는 듯하다. 이삭이 여문 밭에 트랙터를 몰고 지나다니는 주인의 마음은 어떠할까. 농부의 마음은 농지가 크나 적으나 마찬가지일 텐데 말이다. 일손이 트랙터이리라. 기계가 밀 속에서 양귀비꽃을 어찌 솎아낼 수 있겠는가. 하지만 지나가는 나그네의 눈엔 이색적이고 평화스러워 보인다.

로마가 가까워질수록 도로변 풍경들이 깔끔해지기 시작한다. 가로수가 특이하다. 소나무는 분명한데 모양은 우산을 편 듯하다. 잎이 싱싱하고 가지가 무성하다. 아이들의 그림 속에서 금방 튀어나온 듯하다. 로마의 우산소나무는 옛날 로마 병사들의 쉼터였다고 안내자는 말한다. 전쟁터로 진군할 때 지친 몸과 마음을 그 그늘에서 쉬어 가곤 했단다. 우람하고 푸른 우산 소나무는 로마의 역사와 진실을 알고 있을 것만 같다.

그 옛날, 이 길을 지나간 수많은 사람은 어떤 모습이었을까. 지금처럼 거리에 카메라가 설치되어 있었다면 얼마나 흥미로 울까. 교황님을 뵈러 가는 성직자들의 모습도 그려본다. 항구에서 내린 보물을 마차에 가득 싣고 가는 상인들도 있었으리라. 지방의 영주들이 황제의 부름을 받고 로마로 가는 호화스러운 쌍두마차들도 이 길을 달렸으리라. 그리고 십자군 전쟁의 병사들도 이 길을 아픈 마음으로 행군했으리라. 나는 지금 버스를 타고 평화롭게 이 길을 달리고 있다. 역사의 전시장이 된 로마를 만나기 위해서.

로마의 자존심은 무엇일까. 지나온 역사의 우월함일까. 또는 현재의 찬란한 문화유산을 보유한 자긍심일까. 혹은 태양의 열정을 닮은 국민성일까. 나는 로마의 자존심은 예술이라고 생각해 본다. 르네상스! 지구상에 그런 시대가 또 올 수 있을까. 로마제국의 후예들이 이루어낸 예술의 꽃이리라. 로마가 힘으로 영토를 넓힌 것은 흥망성쇠의 바퀴를 벗어나지 못했지만 후손들이 일으킨 예술의 꽃은 영원히 세계사에 우뚝할 것이라고 믿어 본다.

차창으로 기다리던 이정표가 스쳐 간다. 드디어 로마에 온 것이다. 주위는 이미 어두워지고 있었다. 내일 날이 밝으면 나는 로마의 유적들과 마주할 것이다.

(2012. 봄)

하늘을 향해

—서유럽 여행 3

스위스의 인터라켄을 중심으로 작은 호수가 양쪽으로 펼쳐져 있다. 우리는 알프스 융프라우의 최고봉을 보기 위해 이곳에 왔다. 인터라켄의 동쪽 역에서 산으로 오르는 열차를 탔다. 안내 표지판을 보니 마지막 융프라우요흐 역의 높이는 3,454미터라 되어 있다. 정상보다는 7백여 미터 아래다.

열차는 산을 향해 천천히 움직이기 시작했다. 처음 시야에 들어오는 알프스의 모습은 침엽수와 활엽수가 잘 어우러진 싱그러움이 묻어나는 산이다. 유럽의 다른 나라들처럼 넓은 농경지 대신에 산 아래 비탈마다 작은 집들이 옹기종기, 또는 띄엄띄엄 자유로이 자리를 잡고 있다. 푸른 잔디처럼 보이는 산비탈엔 농가만 보일 뿐 올라가는 길이 안 보였다. 어디로 오가며 세상과 소통하는 것일까 궁금하다.

눈에 들어오는 풍경은 그대로 멈추어 중세로 돌아가려 한다. 모든 정경이 액자 속으로 들어가 그림이 되어 버린다. 멀리 절벽을 타고 흘러내리는 물줄기들은 한 시야에 네다섯 개가 들어와 각기 다른 자태로 쏟아져 내린다. 그중 하나는 폭포의 갈래가 어찌 잘게 부서져 내리는지 마치 하얗고 긴 머리를 풀어 헤쳐 감고 있는 것 같았다. 또 다른 것은 물줄기가 암벽을 파고 들어가서 각도에 따라 폭포가 보이기도 하고 숨어버리기도 한다. 열차가 구불구불 돌아가는지 같은 풍경이 반복되기도 하면서.

차창 밖으로 알프스 계곡의 물소리가 콸콸 소용돌이치며 내달린다. 옥빛에 우유를 부은 듯한 부연 빛깔이 낯설게 다가온다. 이렇게 공기 좋고 산세 좋은 알프스 산간지대에서 넘치는 계곡의 힘찬 물소리는 이곳 사람들의 식수원이 분명할 텐데 물값은 왜 그리 비싼 것일까. 안내자의 말처럼 이곳의 물은 석회가 다량 섞여 있는 걸까.

산을 오르는 열차는 힘에 부쳐 덜컹덜컹 숨을 몰아쉰다. 철로를 자세히 살펴보니 두 줄의 선로 안에 톱니처럼 생긴 철로가 한 줄 더 들어있다. 안전하게 오를 방법을 찾아낸 것이다. 알프스의 중턱쯤에도 농가와 풀밭이 정갈하게 펼쳐져 있다. 진하지도 연하지도 않은 녹색의 조화로움이 보는 이의 심신을 안정되고 여유롭게 해 준다. 알프스의 보석은 다름 아닌 이 농가들이 아닐까 싶다.

산 아래의 집들은 크고 거창하지 않았다. 소박하고 예쁜 모습들이 동화책을 보는 느낌이다. 목조 주택들이 대세를 이루었다. 군데군데 작은 헛간에는 마른 목초가 다발로 차곡차곡 쌓여있다. 정상으로 향할수록 초록색이 줄어든다. 웅장하고 신비하게 구름 위로 솟아있는 영봉들은 대개 화강암으로 이루어졌고 일부는 석회암으로 되어있다고 한다. 위로 눈길을 돌리니 천 년설에 덮여 있는 흰 봉우리들이 위용도 당당하게 구름과 바람을 불러서 놀고 있다. 그곳은 분명 꽁꽁 얼어붙은 빙벽이리라. 시선을 조금 아래로 향하니 산 아래는 푸릇푸릇한 초여름이었다. 아! 두 계절이 이렇게 공존할 수도 있다는 것이 놀라웠다.

정상이 가까워지자 열차는 가파르게 터널을 올라간다. 나는 아무것도 보이지 않는 공간을 상상의 날개를 달고 올라간다. 사진으로 보고 아이들의 설명을 들으면서 그리움을 키워 온 곳이다. 영봉의 지하 역에 열차는 멈추고 모두가 마법에 걸린 사람들처럼 천천히 내렸다.

우리는 누군가를 따라 움직이기 시작했다. 사면이 얼음인 동굴을 지나간다. 얼음조각상들이 곳곳에 얼어붙은 채 버티고 있는 꽤 긴 굴을 통과하였다. 그리고 한참을 더 걸은 뒤에 드디어 하늘로 나가는 입구에 섰다. 늘 그렇게 활짝 열려있던 것처럼 가로막는 것은 아무것도 없었다. 심호흡을 하고 문밖으로 한 발 내딛는다.

그곳엔 한겨울 눈보라가 방향을 잃고 휘몰아친다. 전망대에 둘러놓은 안전띠만이 눈발과 구름 속에서 묵시적인 주의를 시킬 뿐이다. 동서남북 어디를 봐도 아무것도 보이지 않는다. 바람결에 잠깐 보이는 검은 물체는 절벽인지 봉우리인지 구분이 안 된다. 시계가 제로이다. 여기까지 올라와서 어떻게 해야 하나.

잠시 눈을 감고 융프라우를 그려본다. 높게 솟은 봉우리마다 흰 눈에 덮여 있으리라. 때론 해맑은 미소로, 때론 눈보라로 보는 이의 시야를 밝게 또는 어둡게 할 것이다. 그만한 능력을 누가 주었을까. 무력하게 바라볼 수밖에 없는 사람의 힘이 순간 작게만 느껴진다.

머리에 두 손을 얹고 하늘을 올려다본다. 두 눈을 감는다. 생각들이 순간 도망질을 한다. 주변을 위해 늘 기도하던 마음도 한발 비켜선다. 육신의 통증들도 잠시 저 아래 일인 듯했다. 만약에 절대자가 저 하늘을 향해 단 한 마디만 허락한다면, 그것은 '감사'다. 내 삶의 음지와 양지 길을 잘 지나온 그것에 대한 감사이며, 앞으로 주어질 시간에 대한 감사다. 눈보라 때문에 하늘과 땅의 경계가 사라졌다. 여기는 하늘인가 땅인가. 머릿속이 텅 빈 느낌이다. 오고 가던 시간이 멈춰 버린 듯해서 눈을 뜨고 다시 심호흡을 해본다.

내려오는 길은 서쪽 역이다. 아기자기한 풍경들이 금세 다른 세상이 돼 버렸다. 차창으로 보이는 들꽃들은 우리가 방금 보고 온 세상의 소식은 모르는 듯, 갖가지 색깔로 그들만의 소박한 그림을 그리고 있다. 비탈진 농가, 풀에 가려졌던 길이 드러나 보이기 시작했다. 역을 나오면서 주머니에 넣은 차표를 꺼내 본다. 검표한 구멍이 뻥뻥 뚫려있다. 다시 올라가 보고 싶은 충동이 갑작스레 일어난다.

하늘을 향해 올라가던 길이 꿈을 꾸는 길이었다면 내려오는 길은 엄연한 현실이었다.

(2012. 6.)

5.

상사화

늦여름, 호젓한 공원이나 산사에 가면 상사화들이 군락을 이루고 피어 있다. 어디서도 밝고 화려하다. 그중 붉디붉은 색깔은 보는 이의 가슴속을 흔들어 놓는다. 이들은 한곳에 살되 부딪치려 촉각을 세우지 않는다. 순리를 따르며 주어진 섭리에 충실하다. 사랑해야 할 때는 드러나지 않게 하며, 실력을 발휘해야 할 때는 하나는 침묵으로 응원해 준다. 꽃과 잎, 이 둘은 동반자가 분명하지만 같이 맞서지 않으려고 때를 기다리며 서로 양보할 뿐이다. 상사화의 초연한 상호 배려와 아량에 박수를 보낸다.

상사화

그 잎사귀는 싱그럽다. 이른 봄, 성급한 햇살이 이들을 먼저 깨운다. 보드라운 손발을 간지럽게 한다. 땅속의 온기가 이불 속처럼 남아 있는데 일어나라고 보챈다. 연녹색의 둥글둥글한 손들이 떼를 지어 무더기로 흙을 이고 나온다. 시린 이슬로 세수한 듯 깨끗하고 해맑은 표정이다. 어느 새싹이 여리고 곱지 않을까마는 상사화의 어린 잎들은 특히 그렇다. 하나씩 올라오는 게 아니라 떼를 지어 빼곡히 올라온다. 든든한 뿌리가 있음을 자랑하는 듯이.

잎은 봄날을 무성하게 장식했다가 여름이 오면 급히 땅 속으로 자취를 감춘다. 잎사귀와 뒹굴던 봄볕이 이별을 고하려 한다. 온화하고 따스했던 볕이 거칠고 뜨거워지려 한다. 받기만 하던 사랑이 바뀌어 간다. 잎사귀는 일어서는 계절을 붙잡고 땅바닥에 엎드려 울고 있다. 긴 외출에서의 행복을 놓고 싶지가 않다. 울음 속에서 잊었던 얼굴을 본다. 땅 속에서 기다리고 있는 여인의 얼굴이다.

장마가 지나고 나면 더위는 기승을 부리고 땅은 단단해진다. 그런 땅이 갑자기 쩍쩍 갈라지더니 우뚝우뚝 전봇대처럼 상사화 꽃대가 솟아나기 시작했다. 비로 쓸 듯 깨끗한 마당 한 귀퉁이에서 큰 소동이 벌어졌다. 늦여름의 태양 아래 무슨 일일까. 오가던 사람들의 눈길을 피해 언제부터 이런 준비를 하고 있었을까.

꽃대는 잎들이 흔적 없이 사라진 늦여름에 홀연히 땅속에서 불쑥불쑥 솟아오른다. 지상에서는 서로 만날 수 없는 운명을 안고 있다. 그래서 상사화의 꽃말은 '이룰 수 없는 사랑'이 되었나 보다. 만남의 때를 놓친 걸까. 한쪽이 약속을 어긴 걸까. 원점부터 통상적인 사랑에서 벗어나 있다. 부부가 함께 지낼 수 없는 현대 가정의 모습과 닮았다.

갓 결혼한 아들의 친구가 지방에 내려가 직장생활을 한다. 어쩔 수 없이 주말부부가 되었다. 바라보는 입장에선 안타깝기만 하다. 그들은 휴대전화로, 화상채팅으로 사랑을 이어 간다. 늘 함께 하지는 못해도 보이지 않는 끈으로 이어진 그들의 사랑은 애틋하다. 떨어져 있다고 사랑이 멀어지는 건 아닐 것이다. 같이 할 때의 부족한 점을 채워줄 수도 있다. 몸은 거리가 있지만 가정이란 뿌리는 하나이지 않을까. 젊은 부부의 사는 모습이 상사화를 닮았다.

긴 외출에서 돌아온 잎의 남자는 아름다운 부인과 다시 예전으로 돌아갔다. 남자는 달콤한 꿈을 꾸며 아내의 청을 꼼짝없이 들어주고 있다. 반대로 외향적이고 뜨거운 태양을 사모하는 꽃대 여인은 긴 외출을 준비한다. 목이 길어야 미인이라 했던가. 매끈하고 튼튼한 목을 만드느라 땅속의 하루는 짧기만 하다. 노크소리가 크게 들린다. 염천의 피리 소리가 지하의 미인을 불러내고 있다. 너무도 급한 마음에 옷 입는 것도 잊은 채 쾅쾅, 하늘로 낸 문을 열어젖혔다. 그런 힘이 어디서 왔을까. 조금은 민망하여 긴 목을 뺀 채 조신하게 서 있다. 손을 잡아끈다. 염천의 햇살이 진수성찬을 차려놓고 미녀들을 부른다. 자신들이 이파리 하나 가리지 않은 민망한 알몸이라는 것도 잊었다. 그렇게 지하에서 온 여인들은 떼를 지어 서 있다. 아쉬운 여름날, 새들의 노래와 태양의 연주가 무르익을 때쯤 꽃이 피어올랐다. 가는 나리꽃을 닮은 분홍과 붉은색이다. 아름다운 모습으로 부끄러움을 까마득히 잊고 당당하게 서 있다.

누가 그들을 발가벗었다고 흉볼 수 있을까. 나는 이 꽃을 상사화相思花가 아닌 상사화相事花라 부르고 싶다. 서로 그리워함이 아닌 서로의 일을 도와주는 아량으로 남녀 간의 고차원적인 사랑을 이 꽃에서 찾을 수 있다. 부부간에 서로의 능력을 밀어주고 때를 기다려준다. 잎은 잎대로 가장 멋진 모습을 보여줄 수 있고 꽃은 꽃대로 최고의 아름다움을 펼칠 수 있다. 서로 간섭하지 않으며 사랑을 이어간다. 남편이 돌아올 때 아내는 늘 기다리고 있다. 아내가 왔을 때 남편도 변함없이 집에 있다. 서로 일이 없는 겨울엔 같이 땅속의 보금자리를 지킨다. 알뜰살뜰 둥근 뿌리들을 낳아 가면서.

아들 친구에게도 변화가 왔다. 바라만 봐도 행복한 딸을 낳았다. 직장도 서울로 옮겨왔다. 아이를 위해 장모님과 집을 합치고 온라인으로 이어지던 사랑법이 바뀌어버렸다. 상사화 잎사귀가 이른 봄, 해님의 러브콜에 긴 출장을 나오듯이 젊은 가장은 비행기에 몸을 싣고 해외로 자주 나갔다. 한술 더 떠서 몇 달에 한 번 얼굴 보기도 힘들었다. 착한 젊은 아내도 직장일과 육아에 파묻혔다. 누굴 원망할 시간도 마음도 없어 보인다. 의심하면 한이 없는 세상에서 상사화 꽃대와 이파리처럼 서로 믿어주는 것이다. 가정이란 둥근 뿌리를 가꾸기 위해 부부는 힘을 모으는 것이다.

봄날 진녹색의 무성했던 잎사귀 어디에서도 고독의 그늘은 찾을 수 없다. 늦여름, 붉은 상사화의 화려한 자태에서도 외로움이란 말은 어울리지 않는다. 이런 잎과 꽃의 당당함은 어디에서 나올까. 땅속에서 기다려 주는 든든한 후원자가 있기 때문일 것이다. 의젓한 모습으로 각자의 역할을 펼쳐진 무대에서 맘껏 뽐내고 재회의 기쁨을 기다리는 것이다. 반쪽씩 모여 하나를 이루는 게 아닌 온전한 사랑을 실천하는 것 같다. 혼자이면서 둘이고 둘이면서 혼자가 되는 고고한 사랑을 하고 있다.

한 집에 남과 여가 같이 살면서 서로 간섭하지 않고 상대가 무얼 해주길 바라지 않고 산다는 것은 실천하기가 어려운 일일 것이다. 나보다 상대를 더 아껴주고 동등하게 존중해 주어야 가능한 일이다. 이런 사랑을 상사화는 이미 실천하고 있다. 잎과 꽃이 서로 각각 인정해 주면서 씩씩하게 살아가는 모습에서 나는 큰 아량과 배려를 배운다.

늦여름, 호젓한 공원이나 산사에 가면 상사화들이 군락을 이루고 피어 있다. 어디서도 밝고 화려하다. 그중 붉디붉은 색깔은 보는 이의 가슴속을 흔들어 놓는다. 이들은 한곳에 살되 부딪치려 촉각을 세우지 않는다. 순리를 따르며 주어진 섭리에 충실하다. 사랑해야 할 때는 드러나지 않게 하며, 실력을 발휘해야 할 때는 하나는 침묵으로 응원해 준다. 꽃과 잎, 이 둘은 동반자가 분명하지만 같이 맞서지 않으려고 때를 기다리며 서로 양보할 뿐이다. 상사화의 초연한 상호 배려와 아량에 박수를 보낸다.

(2011. 2.)

몸살

찌푸린 하늘처럼 몸이 개운치가 않다. 겨울을 지나 봄으로 가는 환절기 탓일까. 갱년기 탓일까. 이런저런 이유를 붙여가며 혼자 중얼거려 본다. 나이가 들수록 하루의 밤을 잘 보내야 하고 또 한해의 겨울을 잘 보내야 한다는 말을 들었다. 추위가 막바지라서 몸이 움츠러드는 걸까. 무엇에 몰두하면 이 증상을 떨쳐 버릴까 생각하다가 거실 구석에 놓여 있는 화분에 눈길이 멈췄다.

지난 늦가을 김장을 끝내고 냉해를 피해 실내로 들여온 것들이다. 여름내 무성하게 줄기를 뻗어 크고 푸른 잎으로 치장한 덴드롬은 화분을 그대로 옮겨놓았다. 그런 다음 끈을 매고 벽으로 줄기를 올려서 최대한 본래의 모습을 살려 주었다. 그리고 나무처럼 자란 '난타나'는 줄기에 가시가 있어 거실의 구석에 자리를 잡아주었다. 이것들은 밖에 눈이 쌓이거나 바람이 매서워도 탈 없이 푸름을 유지했었다.

헌데 구정이 지나고 입춘이 되면서 잎사귀에 슬슬 몸살기가 비치더니 이젠 통증을 호소하고 있다. 실내의 형광등 불빛으로 지탱해 온 난타나의 겨울나기는 힘에 부치는 듯했다. 아니 바깥세상을 그리워하고 있음이다. 지난여름 태양과 불태웠던 광합성의 열애를 잊지 못하고 있는 걸까. 푸르던 잎은 누렇게 변해가고 가장자리는 까맣게 말라가고 있다. 어찌해야 할까. 아직은 더 기다려야 그 볕을 만날 수 있는데 나름대로 위로할 방법을 찾아본다.

거실의 조명을 모두 켜서 밝기를 한층 높인 다음 작은 가위를 손에 들고 난타나를 마주 본다. 지난봄부터 늦가을까지 줄기차게 분홍색과 진황색이 섞인 꽃을 피워 올렸었다. 모양은 둥근 파꽃을 닮아 화려했다. 먼저 말라붙은 가지를 잘라내고 메마른 이파리들을 따준다. 그리고 검게 상한 부분들을 가위로 도려내었다. 겨우내 함께 했던 푸른 잎들이 초라한 모습으로 버석거리며 바닥에 부서져 내렸다. 앙상한 가지들이 그 끝에 연두색의 희망을 매달고 있다. 이대로는 안 되겠다 싶어 화분을 들어 올렸다.

그것을 욕조 안에 앉히고 물을 약하게 조절한 뒤 샤워기로

잎의 앞뒤를 깨끗이 씻어주고 뿌리까지 흠뻑 젖도록 물을 주었다. 화분의 물이 다 빠졌을 때쯤 다시 들어 올렸다. 이번엔 밝은 창 쪽에 내려놓았다. 불투명한 유리창으로 햇볕이 조심스레 들어온다. 안쪽 창을 밀자 밝은 바깥 창을 통해 햇살이 기다렸다는 듯이 쏟아져 들어온다. 물에 젖은 연둣빛 잎사귀들의 표정이 한층 밝아 보인다.

유리창이 걸러주는 한낮의 겨울 햇살은 포근하다. 화분의 여린 잎들도 젖은 얼굴을 들고 그들과 살며시 손을 잡는다. 서로 진심을 살피고 애정 어린 처방전을 주고받을 것이다. 연둣빛 잎사귀가 살이 오르고 성숙해지면, 인큐베이터 같은 유리창을 열어젖힐 때가 올 것이다. 겨울 햇살은 조심스레 들어와서 미래의 연인을 치료하고 있다. 곁에서 바라보던 나도 덩달아 약발을 받은 걸까. 몸과 마음이 따스해지는 것을 느낀다.

그리운 것들은 만나야 힘을 얻는다. 그런 평범한 이치를 우둔한 사람이 잊고 있었다. 지금껏 살아오면서 나를 중심으로 생각했다. 주변의 식물들은 당연히 봄이 되면 다시 소생하고 잎과 꽃이 피는 거라고 여겼다. 그런 난타나에게도 몸살이 있음을 이제야 본 것이다. 동물이든 식물이든 자주 접하는 상대로부터의 무관심이 모든 아픔의 시작이 아닐까.

(2012. 2.)

보이차를 끓이며

더위가 한 달이나 빨리 왔다는 보도가 있었다. 그것을 증명이라도 하듯 비 소식은 없고 연일 불볕더위가 계속된다. 집안에 있는 창문은 죄다 열어놓고 바람 한 줄기 불어와 주길 간구한다. 선풍기 한 대로 바람을 일으키자니 역부족이다. 마루 구석에 서 있는 에어컨으로 눈길이 가고 있지만 얼른 고개를 돌린다. 아직은 유월이기 때문이다.

흐르는 땀을 찬물로 씻어내고 냉장고 문을 열어 본다. 갈증이 난다. 차가운 음료와 빙과들이 당연히 선택받을 거란 표정으로 나를 본다. 마음은 굴뚝같지만 살며시 문을 닫는다. 몸속의 장들이 반항한 지 며칠 됐기 때문이다. 찬 음식을 과다하게 먹은 대가였다. 이제는 달래 주어야 할 차례다. 커피도 안 되고 녹차도 그렇다. 수납장 문을 열고 두리번거리며 적당한 것을 찾는 내 눈에 잊힌 듯 구석에 박혀 있던 보이차 상자가 눈에 들어온다.

상자를 여니 두꺼운 한지에 싸인 둥근 모양이다. 종이를 풀어 젖히니 짙은 갈색의 납작한 덩어리가 들어 있다. 어릴 때 시골에서 보았던 누룩 덩이를 보는 것 같다. 찻잎을 발효시켜서 꾹 눌러놓았다. 거름망이 들어있는 유리주전자에 보이차 한 쪽을 떼어내서 넣고 끓는 물을 가득 붓는다. 순간, 할 말을 참고 있었던 사람의 감정처럼 붉은색을 내뿜으며 유리주전자를 점령한다. 틀에 박혀서 눌려있었던 답답함을 풀려는 듯이. 색깔만큼 진한 향도 있을 법한데 그렇지가 않다. 그저 개운하고 투박한 맛이다. 하지만 그 붉은색이 예사롭지 않다.

일반 녹차라면 따뜻한 물로 우려내면 노르스름한 빛깔이다. 하지만 보이차는 진한 붉은 빛이다. 이런 색이 나오기까지 만든 사람의 노고가 얼마나 많았을까. 찻잎을 따서 그늘에서 시들려 가마솥에 넣고 덖어내어 멍석에 널고 손으로 비벼대어 햇빛에 말리고 또 훈증하고 성형하며 말리는 수고가 있은 뒤에 많은 시간을 보내야 우리의 손에 이르게 된다. 그 과정의 어려움을 붉은빛으로 승화하여 말을 하려나 보다. 나는 보이차의 따끈하고 담백하며 순한 맛에 끌린다. 싫증 나지 않고 정이 묻어나는 어머니의 앞치마 냄새를 닮은 맛이다.

내가 어릴 때 배탈이 나면 어머니는 손수 약을 만들어 주셨다. 솥단지 밑의 바닥에 달궈진 흙을 파서 끓는 물에 넣어 우려낸 물을 먹으라 하셨다. 일명 배피탕이라고 했다. 탕의 색깔과 맛이 그리 나쁘진 않았다. 또 설사를 하면 오래 묵은 찹쌀에 물을 넣고 달여 먹으라고 주셨다. 보이차와 어머니가 해주시던 차가 색깔은 서로 달라도, 어머니의 냄새가 배어 있는 시골스런 맛이 서로 닮았다.

지금은 차를 만드는 재료도 다양하고 방법도 다양하다. 자연에서 채취한 모든 식용 가능한 식물이 다 대상이 된다. 꽃, 잎, 줄기, 뿌리가 가공법에 따라서 차가 되기도 하고 발효액과 음식이 되기도 하고 생약이 되기도 한다.

어릴 적, 어머니에겐 별난 차가 있었다. 농한기가 끝나고 추위에 식구들이 감기라도 걸리게 되면 늘 인동차를 끓이셨다. 굵은 인동 넝쿨을 잘라 주전자에 넣고 콩깍지 한 줌에다가 파뿌리를 씻어서 함께 넣어 화로 위에서 푹 달인다. 누르스름하게 우러난 인동차를 후후 불어가며 한 그릇을 마시고 나면 막힌 코가 시원해지고 특별한 약이라도 먹은 듯이 기분이 좋아지곤 했다. 지금도 그 맛이 기억난다.

보이차 주전자에 찻물을 또 채운다. 차는 자기의 사명을 충실히 하려고 또 붉은색을 우려낸다. 자신의 역량이 다할 때까지 그렇게 반복할 것이다. 혼자서 마시는 차의 맛이 더 순하게 느껴진다. 일회성 용품이 아니어서 은근하고 매력 있다.

발효차는 펄펄 끓는 물을 부어야 제맛이 나고 제대로 된 색깔이 나온다. 어쩌면 충실한 사람을 닮았다. 정해진 방법으로 만들어진 발효차는 그 맛이 가볍지가 않다. 급히 마실 수도 없고 참고 기다려야 한 모금을 허락한다. 바쁘게 생활하는 요즘 사람들에겐 불편할 수도 있지 싶다. 하지만 급할수록 돌아가라는 말을 따르는 사람들에겐 안성맞춤의 차라고 할 수 있다.

보이차의 고향은 중국이지만 우리나라에서도 널리 애용되고 있다. 발효차는 만드는 과정에 따라 이름이 다르다. 완전히 발효한 차와 반만 발효한 차가 있다. 우리나라에서도 산사의 스님들이 손수 발효차를 만들어 애용하는 경우가 있다고 들었다.

그냥 놔두면 한낱 낙엽이 되고 낙화가 되어버릴 차의 재료들이, 사람들의 관심 속에서 새로운 사명을 얻어 우리의 삶에 활력소가 되고 있다. 급하지 않게 은근히 우려내는 발효차는 천천히 기다릴 줄 아는 여유를 갖게 하고, 잠시 마음을 가다듬을 수 있는 틈을 준다. 서로 뜻이 통하는 벗을 찾아 먼 길을 걸어와 차 한 잔을 나누며 마음을 풀어내던 선인들의 넉넉한 심성을 보이차의 따뜻한 온도에서 느껴 본다. (2013. 6.)

물치항

바다에는 '물치'라는 생선이 있다. 물치다래라고도 한다. 고등어를 닮은 물치는 입이 작고 약간 쳐 들려서 많이 알려지지 않았다. 등은 남록색에 배는 은빛이다. 물치다래의 살을 길게 뭉쳐서 말리면 강고도리가 된다. 물치의 이름을 닮은 이 항구는 새롭게 태어나려 몸부림을 친다. 제일 큰 건물인 활어회센터는 두 팔을 벌린 항구의 머리 부분이다. 해수욕장이 낙산 쪽으로 펼쳐져 있고 숙박시설이 즐비하다. 설악동에서 나온 사람들이 낙산으로 가는 길목이다.

이른 아침 청량한 햇살이 창을 두드린다. 누구 눈치 볼 것 없이 대충 준비하고 숙소를 나선다. 어제저녁에 흔들어대던 너울성 파도는 간데없고, 맑고 투명한 아침 바다가 새롭게 손님을 맞는다.

방파제 난간에 기대어 항구의 맑은 물밑을 바라본다. 밤새워 하늘을 지키던 별들이 고스란히 내려와 물속에 엎드려 있다. 불가사리는 별을 먹고 또 은하계를 먹은 모습으로 숨어 있다. 방파제 밑 이끼 낀 큰 돌들은 그대로 푸른 산이 되어 버린다. 어머니의 품처럼 포근한 항구에는 때 이른 파티가 한창이다. 소리 없는 음악에 맞춰 멸치 떼가 스텝을 밟는다. 누군가가 보쌈을 해 온 듯한 작은 바위에는 이름 모를 해초가 뿌리를 내린 채, 에스라인 춤을 춰가며 허리를 흔든다. 은모래 속을 헤집으며 돌아다니는 미꾸라지를 닮은 녀석은 아무래도 초대받지 않은 손님같기만 하다.

푸른 바닷가. 물치항은 어머니가 두 팔을 벌리고 자식들을 감싸 안고 서 있는 듯하다. 거센 파도를 막아내며 내 새끼들을 보호한다. 튼튼한 콘크리트 방파제는 어머니의 두 팔이다. 천하무적 같다. 물결이 잔잔할 땐 부드러운 여인의 팔이 된다. 하지만 바다가 사나워져 성질을 부리면 무쇠 팔로 변하여, 품에 안은 자식 같은 크고 작은 배들을 무탈하게 지켜낸다. 팔꿈치 살점이 떨어져 나가도 손가락이 부러져도 굴복하지 않는다. 오직 가슴에 안은 내 새끼 다칠세라 밤낮을 가리지 않고 두 팔 벌리고 굳세게 서 있다. 드나드는 배를 수시로 챙기며 세파의 모진 매는 어머니의 몫이다. 그 콘크리트 방파제엔 따스한 피가 흐르고 있는 것만 같다.

이 항구에는 부드러운 미소의 억척스러운 어머니가 늘 그렇게 일을 하고 있다. 낮에는 들에서 농사일하고 밤이면 호롱불 밝혀놓고 바느질하던 내 어머니처럼, 밤에 깜빡이는 불빛 아래 물치항의 어미도 쉬지 않고 일을 한다. 밤새워 일하는 그 몸엔 땀이 솟고 땀은 다시 물이 된다.

어촌의 작은 항구다. 두 팔을 둥글게 벌리고 손끝을 약간 오므린 형국의 모습이다. 두 팔은 인위적으로 만든 방파제다. 양쪽 손가락 끝에 등대가 하나씩 서 있다. 송이버섯을 닮은 빨간 등대와 하얀 등대는 다정한 부부가 마주 바라보고 있는 듯하다. 밤에 반짝거리는 등대의 불빛은 모성이다. 고기잡이 나간 자식들 무사히 들어오라고 기도하는 어머니의 모습이다.

어린 시절 버스로 통학할 때 늦게 집에 오는 날엔 늘 두리번거리며 무엇을 찾는 버릇이 있었다. 하얀 앞치마의 어머니가 어둠 속에서 늘 기다리고 있었기 때문이다. 외진 길 걸어오는 딸이 마음 놓이지 않아 미리 나와 기다리고 있었다. 팔 벌리고 서 있는 항구의 모습에서 변함없이 주기만 하는 어머니의 사랑을 느낄 수가 있다. 그것이 쉽지 않은 일임을 나이를 먹은 뒤에야 알 수 있었다.

물치항에는 여객선이 없다. 엄마 품에서 젖을 빨다 잠든 아기들처럼 작은 고깃배들이 곤한 잠에 들어 있다. 그것들이 배안의 짓을 하듯 가끔 머리를 흔들면 품 큰 엄마는 또 너울너울 자장가를 불러준다.

송이 등대 그늘에 서서 푸른 바다를 본다. 고기잡이배를 타고 항구를 벗어나 바다를 가르며 그물을 던지고 싶은 욕망이 불현듯 솟는다. 어머니가 늘 기다려주는 항구. 만선이 되면 기뻐서 돌아오고, 고기를 못 잡아도 웃으며 돌아올 수 있는 항구. 그래서 물치항에는 어머니의 젖내음처럼 비릿한 향기가 나나 보다.

(2008. 9.)

남극의 황제

우리 속담에 세상에서 제일 듣기 좋은 소리는 마른 논에 물 대는 소리와 자식 목구멍에 밥 넘어가는 소리라 한다. 그것이 사람에게만 통하는 얘기가 아니었다.

짧은 다리에 검은 신을 신고 키는 1미터가 조금 넘는다. 등은 어두운 잿빛이고 배는 흰 털로 덮여 있다. 머리는 검은색이며 목 옆으로 누런색의 귀마개를 양쪽으로 쓴 것처럼 보인다. 두 다리에 힘을 주고 팔을 약간 벌리고 서 있는 모습은 누가 봐도 귀티가 흐르는 제왕의 모습이다. 남극의 황제펭귄들이 혹한을 어떻게 견뎌내는지를 텔레비전을 통해 보았다. 그들은 느릿느릿 걸으며 동작이 날렵하진 못하지만 자연에 순응하고 주어진 환경에서 최선을 다할 줄 아는 성실한 멋쟁이다.

남극에 눈보라가 휘몰아치고 하늘과 땅이 얼어붙기 시작할 때 펭귄들은 짝짓기를 끝낸다. 겨울을 어디서 보내야 하나를 고민하다가 마땅한 장소가 발견되면 하나 둘 그곳으로 모여든다. 작고 검은 점들이 하나 둘 불어나 거대한 집단이 된다. 검정콩을 수백 가마 쏟아놓고 고무래로 편편하게 민 듯하다. 셀 수 없는 숫자들이 모여서 하나처럼 서 있다. 남극의 살을 에는 바람과 눈보라는 이들을 쉴 틈 없이 공격한다. 누가 시키지 않아도 어떻게 해야 몸을 보호하는지 알고 있다. 최대한 체온 손실을 막기 위해 바람 한 점 스며들지 못하도록 몸을 밀착한다. 고개를 아래로 묻고 극한 상황을 이겨낸다.

그 와중에도 암놈은 알을 낳고 얼지 않도록 털로 감싼 채 조심조심 수놈에게 고이 넘긴다. 아차 실수하면 알은 금방 얼어서 금이 쫙 가고 만다. 수놈이 두 다리 사이에 알을 무사히 받아 품으면 임무를 끝낸 암놈은 탈진하고 만다. 하는 수 없이 목숨을 보전하러 먹이를 찾아 바다로 나간다.

수놈은 안으로 알을 품으며 밖으론 추위와 싸운다. 펭귄들은 서로의 체온을 걱정해 준다. 안에 있던 무리는 하나 둘 열을 지어 밖으로 향해 움직인다. 밖에 있던 무리들은 안쪽을 향해 자리 이동을 한다. 지휘하는 이 없어도 제갈량에게 고도의 훈련을 받은 병사처럼 일사분란하다. 눈바람이 쉴 틈 없이 몰아치는 남극의 겨울은 눈보라가 변하여 얼음안개가 된다. 천지를 뒤섞어 놓는 극한 상황은 영하 60도의 얼음 지옥으로 변한다. 그런 세상에서도 시곗바늘은 멈추지 않는다. 두 달 이상의 혹한을 잘 견뎌낸 황제펭귄에게 자연의 여신은 선물을 들고 찾아온다. 봄의 포대기에 솜털이 보송보송한 새끼 펭귄들을 싸안고 훈장처럼 수여한다.

새끼들이 연한 부리를 흔들어 대며 배 밑에서 고개를 내민다. 아빠 펭귄은 체력이 바닥나 서 있기조차 힘들다. 이때쯤 바다로 나갔던 엄마가 건강을 회복한다. 그리고 입속 가득히 먹이를 넣고 돌아와 새끼들에게 먹인다. 아빠 펭귄은 허한 속을 채우러 비틀비틀 바다를 향해 걸어나간다. 새끼를 위해 몸의 진기를 쏙 빼서 바친 아빠 펭귄의 뒷모습을 본다.

아빠 펭귄도 얼음 바다에 나가 헤엄치며 잡은 먹이를 물고 와서 새끼들한테 먹이는 모습은 세상에 비할 데 없는 정성이다. 주린 배를 참고 새끼들을 위해 헌신하는 부모의 정이 얼어붙은 남극을 따스하게 만든다.

날렵하지도 못하고 특별한 재주도 없는 황제펭귄이지만 평범 속에서 비범을 느끼게 한다. 듬직한 몸매로 뒤뚱뒤뚱 걸을 때면 안정감이 있고 듬직하다. 책임감이 강하고 생활력까지 강한 멋쟁이다. 새끼들에게 최선을 다하고 무리와 단결해서, 살아가는 법을 터득하고 있는 지혜로운 신사숙녀들이다.

황제펭귄이 살아가는 모습을 보면서 나 자신을 돌아보게 된다. 내 삶에서 긴 겨울을 지혜롭게 이겨낸 적이 있었는가. 또 새봄을 기다리며 무엇을 준비한 적은 있는가. 주어진 좋은 기후를 고맙게 생각한 적은 있는가. 나는 손에 쥔 보물도 모르고 살아온 것 같다.

사람도 태어나면 부모의 사랑 속에서 성장하고 다시 누구의 부모가 된다. 황제펭귄이 우리 사람과 무엇이 다르랴. 자식들 뒷바라지하느라 일밖에 모르다가 좋은 세월 다 보내는 우리들의 부모 모습이 거기 남극에 있다.

문밖의 세상

얼굴에 피부과 치료를 받고 외출을 금한 지가 일주일이 넘는다. 삼사 일 동안은 세수도 못 하고 환부의 통증 때문에 모든 걸 대강대강 넘겨본다. 등에 침을 꽂아 놓은 것 같은 시간이 며칠 더 지나자 따끔거리며 딱지가 앉기 시작한다. 그때쯤 눈에 부엌이 보이고 텔레비전 위에 쌓인 먼지가 보인다.

식구라야 나를 빼고 두 사람이 더 있지만 아침부터 저녁까지 텅 빈 집안에서 차양 넓은 모자를 쓰고 혼자 서성거리자니 머리가 안갯속이다. 책을 펼쳐도 읽히지가 않는다. 추위도 한 풀 꺾인 한낮에 남향집 창에 밝은 빛이 스며드는데 문이 모두 닫혀 있다. 두꺼운 벽보다도 유리문 하나가 더 갑갑해 보인다. 언제나 생각 없이 드나들던 문들이 오늘따라 자꾸 신경이 쓰이고 눈길이 간다. 겨울 햇살이 나를 유혹하며 밖으로 나오라고 손짓한다. 반면 간호사의 예쁜 목소리가 귓가에 맴돈다.

"환부에 자외선을 쬐면 간혹 검은 색소가 침착될 수 있으니 조심하세요."

오늘은 마음을 비우고 나 홀로 집에서 할 수 있는 일에 충실하기로 작정을 한다. 창문을 열고 환기를 시킨 다음에 보일러를 높이고 거실에 담요를 펴본다. 몸과 마음을 녹이면서 밀린 일들을 하기로 한다. 모아놓은 사진들을 바닥에 쏟아놓고 빈 앨범을 가지고 나온다. 밖에 나갈 일이 있을 때는 집안일은 빠르게 처리된다. 시간을 재기 때문이다. 지금 내 손은 시간을 떠나서 느리적느리적 움직인다.

밝지 않은 거울 앞에서 나를 바라본다. 눈 밑에 붉고 마른 것들이 떠나보낸 군더더기들에 대해 고개 숙여 묵념하고 있다. 가을날 붉게 타오르다 꺾여버린 샐비어 꽃잎처럼 그렇게 뺏뺏하게 붙어 있다. 그렇다고 눈을 감고 안 볼 수도 없는 일, 오래잖아 물러갈 것들이니 하고 달래며 기다리기로 한다. 바깥 날씨가 화려할수록 갇혀있는 자의 마음은 심란해진다. 지금 잠깐의 구속 앞에서도 힘들어하는 내가, 지난날에 새장에다 카나리아를 기르고 다람쥐를 길렀으니 미안하기 짝이 없는 일이다.

문이 닫혀 있을 때 떠나는 여행을 찾아본다. 눈을 감고 떠나는 방법과 눈을 뜨고 떠나는 길이 있다. 후자를 선택한다. 평소에 가보고 싶었던 미국 버몬트주에 있는 타샤 투더의 정원이다. 친구로부터 처음 타샤의 얘길 듣고 전율을 느꼈다. 어릴 때부터 동경해 온 나의 꿈을 그녀는 벌써 이루어 놓고 떠나다니. 92세의 그녀가 삶의 마지막까지 장미 전문가가 되는 게 꿈이라고 말했단다. 이 정원도 오십 대 후반부터 가꿨다고 한다. 그녀를 찾아가 보기로 하고 네이버에서 현대판 봉새를 타고 하늘로 날아올랐다.

갖가지 나무와 꽃들이 피어 있는 30만 평의 정원이다. 우리나라 남쪽 섬 외도의 약 여섯 배가 넘는 면적이다. 사람의 눈매를 닮은 길쭉한 작은 냇가엔 빨간 샐비어 무리가 옹기종기 피어있다. 타샤 투더와 어린 소녀, 그리고 까만 털의 새끼염소가 서 있다. 풍경만으로도 끝없는 얘기가 기다리고 있다. 손수 키운 크고 작은 꽃들이 일 년 내내 지지 않는 신비한 넓은 정원엔, 맨발에 소박한 18세기 풍의 옷을 입은 그녀가 꽃을 따고 채소를 거두어 바구니에 담고 있다.

그녀의 정원엔 태양이 작열하고 있었다. 타샤는 말과 행동으로 자연주의를 실천한다. 행복은 자신이 만들어가는 것이라고 소곤소곤하고, 우울하게 지내기에는 인생이 너무 짧다고 또랑또랑하게 말한다. 세상에서 가장 부지런한 여인 타샤 투더, 그녀의 성실하고 포기하지 않는 삶을 통해 자연을 소중히 여기고 노동의 가치를 귀하게 생각하는 법을 배우게 된다. 순간 내 안에 웅크리고 있던 대책 없던 불평들이 슬슬 꼬리를 내리고 줄행랑을 친다. 백 번의 말보다 진솔한 삶 그대로가 훌륭한 가르침이 된다.

그녀는 갔어도 어김없이 타샤의 정원엔 꽃이 필 것이다. 화사한 돌능금나무도, 보라색의 참제비고깔도 꽃을 피우고 열매를 맺으며 또 질 것이다. 그녀는 그 많은 꽃 중에서 마지막 순간에 어느 꽃을 손에 잡고 이승과 작별했을까. 어쩌면 한 송이도 집착하지 않고 떠났을지도 모른다. 그녀의 가냘프고 주름진 맑은 얼굴 어디에도 집착의 그늘은 보이지 않는다. 꿈을 가꾸고 산다는 것은 그것에 얽매이지 않을 때 이루어지는 건 아닌지 생각해 본다.

아직 쌀쌀한 석양이 남은 늦은 오후, 흰색의 대형 마스크에 등산 모자를 푹 눌러쓰고 운동화를 신은 채 무조건 집을 나섰다. 자외선이야 철저히 차단되지만 내 이미지도 그렇게 숨어버린다. 오히려 홀가분한 느낌이다. 나를 포장했던 것들로부터 풀려난 기분이다. 마스크를 통해 들어오는 신선한 공기를 들이마시며 지난여름 꽃들이 무성했던 길을 타샤 튜더가 된 기분으로 천천히 걸어본다. 원추리꽃, 붓꽃 등 온갖 야생화들이 자기들의 땅 한 필지에 문패 하나씩 달아 놓고 겨울잠에 갇혀 있다. 소박했던 자태들은 모두 마르고 꺾이어 언 땅 위에 붙어 있다. 그들도 지금 나처럼 기다리는 시간이 필요한가 보다. 땅이 녹고 때가 되면 새싹이 나오고, 문밖 세상에서 가장 겸허한 모습으로 긍정의 미소를 펼칠 것이다.

(2010. 1.)

그리운 까만 눈동자

아이들이 어렸을 때 막무가내로 조르면 감당하기 힘들 때가 있다. 장난감이라든지 애완동물이 그러했다. 특히 애완동물 앞에서 아이들은 보고 만지며 좋아하는 입장이지만 엄마들은 그 뒤치다꺼리가 만만한 게 아니다. 달래도 보고 여러 가지로 꾀도 써보았지만 통하지 않았다. 작은아이는 밖에 나가면 강아지가 있는 집에 가서 올 생각도 안 했다.

어느 봄날, 할 수 없어 애견센터를 찾아갔다. 목화솜을 곰실곰실 뭉쳐놓은 듯한 푸들 강아지며, 까만색 털이 바닥에 닿을 듯 말 듯 윤기가 자르르 흐르는 미모의 요크셔테리어의 주먹만 한 새끼 하며, 큰 귀가 쫑긋 서고 알몸처럼 털이 짧고 이마가 동글게 톡 튀어나온 치와와 등, 여러 종의 강아지들이 편한 모습으로 주인을 기다리며 놀고 있다. 어느 것 하나 예쁘지 않은 녀석이 없었다. 그런데 만만치 않은 가격 때문에 망설이다가 아이들을 달래가며 다시 오자하고 집으로 향했다.

돌아오는 길에 시장도 볼 겸 늘 다니던 신정 시장으로 발을 옮겼다. 시장통 골목을 따라 한의원 앞에 이르렀을 때 눈을 잡아끄는 것이 있었다. 아저씨가 종이상자에 강아지 한 마리를 담아 놓고 앉아 있는 것이었다. 금방 젖을 뗀 듯 작고 어렸다. 강아지는 약간은 불안한 듯 가늘게 몸을 떨고 있었다. 나는 두 손으로 고개를 살짝 들어 놈의 얼굴을 살폈다. 애견센터에서 본 어느 것과도 닮지 않았다. 기운은 없어 보이지만 흰 털에 눈동자가 유난히 맑고 까맣다.

강아지를 품에 안은 아이들은 좋아라고 집으로 달렸다. 만 원짜리 한 장을 아저씨에게 건네며 품종이 뭐냐고 물었더니 "나도 몰라요." 한다. 아이들과 나는 하얀 강아지의 이름을 '나리'라고 지었다. 흰 백합처럼 예쁘게 또는 비록 족보는 없지만 귀하게 크라는 뜻이었다.

하루는 이웃집에 나리를 데리고 놀러 갔는데, 그 집엔 몸값이 비싼 흰 푸들이 있었다. 둘은 탐색전을 하더니 드디어 싸움이 났다. 주인은 자기 강아지를 급히 불러댔다. 한국말을 잘 알아듣는 것은 역시 비싼 외래종이 아니었다.

아침에 방문을 열고 나오면 늘 나리가 데굴데굴 구르며 인사를 했다. 눈치가 백 단이다. 뛰어오르면 야단을 쳤더니 대신 뒹굴며 반가움을 표한다. 아이들에게도 정성을 바친다. 주인 옆에 갈 때는 몸을 억세지 않게 힘을 빼고 부드럽게 대한다. 한 번 혼난 일은 되풀이하지 않으니 스스로 대접받는 법을 알고 있는 걸까. 대소변도 알아서 가리고 늘 맑은 눈으로 주인의 마음을 읽는다.

사람과 동물 사이에도 분명 통하는 것이 있었다. 나리의 눈을 들여다보고 있으면 놈도 혀를 날름거리며 주인의 의중을 읽는다. 일부러 눈을 흘기면 귀와 꼬리를 내리고 눈치를 살핀다. 그러다가 "나리야." 하고 부르면 꼬리를 흔들고 앞발을 번쩍 든다. 비록 강자와 약자의 관계로 만났지만 놈의 마음이 선해 보였다.

하루는 양은 냄비를 부서져라 두드리는 소리가 들렸다. 무슨 일인가 싶어 밖으로 나와 보니 이웃집의 푸들과 그 주인이 전쟁을 하고 있었다. 현관문을 나선 푸들은 넓은 세상을 만끽하고 싶어 멀리 떨어진 놀이터까지 단숨에 질주하고, 말 안 듣는 푸들의 버릇을 아는 주인은 그가 제일 싫어하는 쇳소리를 내어 집으로 돌아오게 하려고 부르는 중이었다. 내 옆에 가만히 앉아서 이 광경을 지켜보던 나리는 속으로 무슨 생각을 하고 있을까. 나름대로 헤아리며 그 머리를 쓰다듬어 준다.

해가 바뀌고 나리도 성견이 되었다. 큰아이가 초등학교에 입학하고 가을이 왔을 때 가족들은 나리를 데리고 시골 외가에 갔다. 들판을 뛰어다니며 노는 나리를 보니 그동안 갇혀 살게 했던 시간이 미안함으로 다가온다. 그리고 덩치가 커진 나리가 도시에서 언제까지 같이 살 수 있을까 하는 생각도 스쳤다. 아이들에겐 나리를 외가에 잠시 맡기자고 설득을 했고 애들의 외숙모도 눈치껏 허락을 했다.

헤어지려 할 때 울먹이며 짖어대던 그 소리가 지금도 들리는 듯하다. 까만 눈을 반쯤 감고 하늘을 향해 울어대던 나리의 마음을 잊을 수가 없다. 시골에서 새끼도 낳아 키우고 더 오래 살기를 바랐는데…. 그만 큰길에 나갔다가 교통사고가 났다고 연락을 받았다.

모든 것은 만나면 반드시 헤어진다. 사람과 사람 사이든 그것이 동물이든 이별은 아프다. 그런 줄 알면서도 우리는 늘 다른 만남을 시작한다. 그리움을 잊기 위해 똑같은 길을 걷기도 하고 다르다고도 생각되지만 결과는 똑같이 되풀이되기도 한다. 긴 세월이 지난 지금 이제는 누구를 위해서 애완견을 기르지는 않을 것이다. 하지만 나리처럼 맑고 까만 눈동자를 가진 강아지를 만난다면 다시 정성껏 돌보고 싶다. 중간에 포기하지 않고 오래오래….

(2009. 10.)

다리 없는 강

무더위가 기승을 부리더니 입추와 말복이 지나자 조석으로 선선한 바람이 분다. 우리 집 작은 화단에도 계절의 변화가 느껴진다. 장마와 더위에 약한 것들은 다 사그라져서 가을을 기약하지 못하는데 맨드라미꽃과 달리아만이 더위를 이겨내고 아직도 건재하다. 그 무성한 달리아 포기 사이에 작은 개미들이 집을 짓고 흙을 펴 올리며 살고 있다.

장마가 끝나자 개미들도 활동범위를 넓혔는지 거실에 떼로 활보한다. 앉아 있으면 공격을 하는지 따끔거리고 피부가 붉게 부풀어 오른다. 빗자루로 쓸어내 보기도 하고 분무 약을 뿌려도 보지만 임시변통일 뿐 근본적으로 대책이 없다. 딱히 들어올 만한 틈이 없으니 더욱 답답하다. 그러다가 따가운 볕 아래서 화단을 살펴본다. 개미의 통행로를 알아야 막을 수 있지 않을까 싶어서다. 개미는 벽을 따라오다가 온실 바닥을 지나서 벽 틈을 통해 집 안으로 들어가고 있었다.

하루는 남편이 좋은 아이디어가 있다며 나를 불렀다. 꽃밭에 물을 주기 위해 서려 놓은 나일론 호스를 들고 분주하다. 온실 바닥의 경사를 이용해서 물줄기를 만들려고 한단다. 물뿌리개의 핀을 열어놓은 채로 수도꼭지를 아주 조금 열었다. 물방울이 천천히 떨어지기 시작한다. 나는 그 물방울이 모여서 바닥을 횡단해 흐르는 작은 강이 되기를 기다리며 시계를 바라본다.

아침 식사를 대강 끝내고 다시 개미와의 게임장으로 나왔다. 물방울들이 제법 모여서 길게 줄기를 만들고 있다. 안쪽에 갇힌 개미들이 벌써 우왕좌왕하며 갈피를 못 잡는다. 길이가 5미터에 폭이 10센티도 안 되는 작은 개미의 강이 생겨난 것이다. 개미들은 그 강을 건너지 못한다. 사람의 도움이 없이는 못 건너는 강.

물길이 원활하도록 손가락으로 죽죽 그어본다. 물줄기가 촉촉이 흐르고 있다. 물은 누구의 편에도 서지 않고 그저 충실히 스스로 역할에 최선을 다한다. 만약에 물이 이성이 있고 사고의 힘이 있다면 이 게임에서 누구의 손을 들어 주었을까. 이 작은 물방울들이 모이면 사람에게도 건너지 못하는 강이 될 수 있다. 물은 개미에게도 사람에게도 만만한 존재가 아니다. 다만 필요한 만큼 이용하며 살아갈 뿐이다.

바닥을 적시는 개미의 강을 바라보고 있자니 강에 다리가 없다는 생각이 떠오른다. 작은 나뭇가지 하나라도 걸쳐 놓으면 근사한 다리가 될 것이다. 하지만 그들은 다리를 건너면 안 되기에 생각으로만 놓아 보고 있다.

사람이 모든 곳에 다리를 하나 둘 만들 때는 그때마다 필요에 의해서다. 나는 한강에 다리가 몇 개인지 알지 못한다. 서울이 한창 개발될 때 <제3 한강교>란 노래가 히트한 적이 있지만, 그 후로는 다리에 다른 숫자가 부여된 얘길 들어본 적이 없다. 하지만 다리는 계속 늘어나고 있다. 세상에 다리가 없는 강이 있을까마는 올봄에 다녀온 독일 라인 강의 모습이 떠오른다.

그때 우리 일행은 버스로 라인 강 가를 달렸다. 오월의 푸른 강변이었다. 강 건너 산 밑으로 시야에 들어오는 것들은 중세의 고풍스러운 마을 모습이었다. 높은 산 위의 고성과 다랑논 같은 포도밭, 유람선과 화물선이 같이 오고가는 풍경이며, 물 가운데 지어놓은 성 하나. 이 인위적인 옛 성은 강을 통과하는 배를 세워 세를 받던 곳이라 한다. 오랜 시간 도시가 형성된 강가의 모습치곤 모든 게 소박했다.

라인 강변을 두 시간 가까이 달리면서 놀란 것은 고색창연한 고성들도 아니요, 유명한 명소도 아니었다. 배가 오가는 강 가운데를 차지한 섬에는 푸른 버들이 무성한데 사람과 자동차가 건너다니는 다리가 보이지 않았다. 이렇게 많은 인구가 거주하는 강가에 다리라곤 없었다. 어디로 건너서 왕래를 하는 걸까. 강에는 크고 작은 배들이 천천히 지나간다. 자연을 훼손하지 않으려는 독일인들만의 큰 인내심을 읽을 수가 있었다.

작은 물길이 모여 강을 이룬다. 한데 강을 만드는 것이 물만은 아니다. 출퇴근 시간의 지하철 환승역을 보면 사람의 물결이 오르내리며 끊이질 않는다. 흐름이란 잠시도 되돌아갈 수 없는 바쁜 진행이다. 유속이 빠른 현대의 또 다른 물줄기다. 그러나 일상은 길들여지는 것으로 채워져 있다. 직선으로 흐르는 물길을 잠시 곡선으로 돌려 보면 어떨까. 그러면 한 호흡 조절이 되지 않을까. 라인 강을 지키는 독일인들의 속내처럼 참고 돌아갈 줄 아는 여유가 필요하지 않을까.

나는 개미들의 강을 만들어 놓고 이들의 무단출입을 저지하고 있다. 개미들의 사정은 무시한 채로 나만의 생각대로 움직이고 있다. 강 건너에서 당황해 하는 개미들의 동작을 보며 빨리 다른 데로 가라고 재촉을 한다. 그러나 다음 순간 잠시 두리번거려본다. 나보다 강력한 힘의 소유자가 나를 상대로 이렇게 건너지 못할 강을 만들어 놓는다면 나는 어찌할 수 있을까. 다리가 없다면 말없이 돌아서야 하겠지. 하지만 이 개미들처럼 유순히 받아들일 수 있을까. 잠시 깊고 넓은 강이 마음속에서 출렁인다.

개미의 강은 며칠째 졸졸 흐르고 있다. 이 게임에서 개미는 완전히 졌다. 강물에 막혀서 본래의 근거지로 돌아갔다. 거실에 활보하던 녀석들도 보이지 않는다.

다음날 하늘에서 기습적인 폭우가 쏟아진다. 미처 하수구 마개를 손보지 못했는데 심란하다. 드디어 물이 차오르더니 개미의 강도 삼켜버린다. 장대비 속에 우산을 받치고 하수구 뚜껑에 쌓인 낙엽과 찌꺼기를 걷어내자 물살이 빠르게 하수구로 빠져나간다. 옷이 흠뻑 젖었다. 빗속에 개미들은 어디에도 없다. 미리 알고 은신한 것이기를 바라는 심정이 된다. 이번엔 폭우에 대비를 안 한 내가 개미한테 졌다.

(2012. 8.)

반쪽이를 말하다

야산 밑에 외딴집 하나 서 있다. 저녁 무렵이면 굴뚝에 뿌연 연기가 피어오르고 들에 나갔던 가족들이 하나 둘 들어온다.

오래전, 초등학생인 오빠는 아궁이에 감자를 구워서 식힌 다음 품 속에서 야옹이를 꺼내어 먹였다. 남산 너머 사는 친구네 집에 갔다가 얻어온 고양이 새끼를 품에 넣고 다니며 호호 불었다. 태어날 때부터 무녀리라서 아주 작고 비실비실하며 먹는 것은 구운 감자뿐이었다. 방바닥에 놓으면 걷는 모습이 술에 취한 듯 젓가락 같은 뒷다리가 비틀거렸다.

야옹이가 다리에 힘이 오르고 뛰어다닐 때쯤엔 식구들의 사랑을 독차지했다. 솔방울에 고무줄을 매어 꼬리에 달아주면 허리를 구부리고 팔짝팔짝 뛰기도 하고 빙글빙글 돌기도 하며 재주를 뽐냈다. 얼굴이 반은 하얗고 반은 검어서 반쪽이라고 불렀는데, 몸에는 바둑무늬가 있어 새침하고 깔끔했다. 커가면서 성깔은 카랑카랑해지고 도도하기까지 했다.

마당에서 뒹구는 검둥이는 반쪽이만 보면 부러운 듯 짖어댔다. 야옹이는 평소 미동도 않고 앉아 있다가 검둥이가 가까이 오면 발톱을 세워 전광석화처럼 뺨을 할퀴고 나무 위로 내뺀다. 그리고는 분해서 짖어대는 검둥이를 시치미 뚝 떼고 약을 올리듯이 내려다본다. 그러면서 제법 실해졌다.

방 안에서 잠을 자는 반쪽이를 위해 엄마는 나무 창살을 열십자로 잘라내고 헝겊으로 문을 달아 주었다. 식구들이 모여 있는 날 놈은 처음으로 사냥에 성공했다. 쥐를 물고 방으로 들어온 것이다. 주인은 착하다고 칭찬을 했다. 산 쥐를 가지고 던지고 받기를 반복하며 공깃돌 놀이하듯 하더니 순식간에 먹어 치운다. 뒷청소도 물론 깔끔했다. 하지만 계속되는 쥐 사냥을 매번 칭찬하긴 어려운 노릇이었다. 식구들이 싫어하므로 엄마가 나무란다. 이젠 방으로 가져오지 말라고. 그러자 놈은 먹이를 먹다 말고 밖으로 나가 버렸다.

아직 산에 눈이 녹지 않은 이른 봄, 막내가 홍역을 앓느라 열이 펄펄 끓는다. 엄마가 근심 어린 말투로 옆에 있는 반쪽이를 보고 한마디 했다. 다른 집 괭이는 산토끼도 잡아 와서 주인애기 홍역에 약도 잘한다는데 너는 그런 재주도 없다고. 야옹이는 엄마의 얘길 알아듣는 것처럼 귀를 쫑긋대더니 어디로 뛰어간다. 저녁 때 부엌에서 밥을 짓느라 아궁이에 불을 때는 엄마 앞에, 저보다 큰 산토끼를 사냥해서 질질 끌고 와 내려놓고, 보라는 듯이 눈을 감고 야옹야옹 소리를 질러 댄다.

햇볕이 따스한 늦은 봄, 놈이 돌무더기 앞에 앉아 있다. 발을 들었다가는 내리고 또 올린다. 궁금해서 가까이 가보니 아뿔싸, 살아 있는 장난감을 가지고 놀고 있었다. 몸통이 굵고 길며 등이 알록달록한 율목이다. 장난기가 발동해 돌 틈으로 기어들어갈 때까지 여유롭게 지켜보고 있다가 꼬리가 조금 남으면 한쪽 발톱으로 콕 찍어서 스르륵 잡아당겨 놓는다. 장난감은 이미 그 빠르던 속력을 잃어버렸다. 한참을 죽은 듯이 있다가 또 느리게 탈출을 시도한다. 반복되는 장난에 뱀은 서리맞은 무청처럼 늘어져 있다. 움직이는 것에 대한 녀석의 호기심이 그를 괴롭히고 있다.

바람 소리만 들리던 안마당에 검둥이의 비명이 퍼진다. 달려가 보니 검둥이의 귀밑에 붉은 피가 뚝뚝 떨어진다. 시치미를 떼고 마루에 앉아있는 범인을 엄마는 빗자루로 때려주고 야단을 쳤다. 한솥밥을 먹으면서 봐주는 게 없다고. 놈은 뒷문으로 튕겨져 달아난다.

날이 어두워지고 밤이 되고 며칠이 지나도 반쪽이는 돌아오지 않았다. 식구들은 걱정되어서 일삼아 찾아 나섰다. 뒷산으로 올라가 불러보아도 응답이 없다.

얼마나 지났을까. 억새 우거진 등성이에 풀이 넘어지고 맷방석만 한 넓이의 풀밭이 도리깨를 맞은 것처럼 부서져서 반지르르하다. 그 안에서 반쪽이가 뒹굴며 몽니를 떨고 있다. 식구들이 불러대도 못 들은 척하며 발톱을 세우고 캬악캬악 성질을 부린다. 평소에 잘 보살펴준 주인이 달래도 소용없다. 엄마가 나서서 달래 본다. 네가 전에 약 먹은 쥐를 먹고 죽으려 할 때 내가 녹두 물을 내 먹여서 살렸는데 어찌 한 대 때렸다고 이럴 수가 있냐고 사정을 한다. 그러자 두 눈을 지그시 감고 잠시 생각하는 듯하더니 다시 사납게 성질을 부린다.

다음날 다시 그 자리에 갔을 때 반쪽이는 거기에 없었다. 두고두고 기다려도 오지 않았다. 몇 년을 함께한 주인을 버리고 떠났다. 노여워진 자존심이 허락지 않았던 것일까. 맘에 안 드는 현실을 인내하며 사는 게 싫었던 것일까.

요즘, 갈수록 이혼율이 늘어간다는 신문보도를 보면서 반쪽이를 떠올린다. 흙과 백이 분명한 생김새를 하고 추호도 타협할 줄 모르던 그 녀석. 서로 잘해 주기만 바라는 소수 젊은이의 욕구가 예전의 그 고양이를 닮았다. 자신의 색깔을 분명히 하며 못마땅한 점을 삭이지 못하는 모습이 흡사하다.

어두워진 골목의 늦은 시각, 차가 들어오고 시동이 꺼지면 야생고양이들이 차 밑으로 모인다. 쌀쌀한 날씨 속에서 차 밑판의 남은 열기에 몸을 녹이며 웅크리고 있다. 그때 뛰쳐나간 반쪽이도 들고양이가 되었을 것이다. 겉으로 보아 알 수는 없지만 그 후손이 지금 여기에 있을지도 모르겠다. 어두운 골목에 두 개의 파란 눈빛들만이 분주히 움직인다.

(2009. 12.)

사유의 세계에 녹아든 위트와 중용中庸의 미학

—이순금 수필집 《그물》에 대한 書評

金 善 化

수필가 · 시인 · 청소년문학가

들어가며

마음 가라앉혀 글을 읽다 보면 문장과 문장 사이에서 글쓴이가 보이고, 글쓴이를 가만히 마주하다 보면 언행에서 넌지시 그의 글이 읽힌다. 특히 진실을 바탕으로 하는 수필문학에 있어서랴. 여러 가지 수식어를 거론할 필요 없이, 글 쓰는 사람을 독립된 그릇에 비유하면 적절할 것이다.

여기서 언급하는 그릇의 외형이나 질감은 곧 그 사람, 수필을 담아내는 이의 인품을 의미한다. 그렇기에 작가 개인이 빚어내는 문체 하나하나는 외적으로 묻어나는 그 사람의 이미지와 크게 다르지 않다. 하여 우리는 어느 작가가 어떠한 문장을 형성해내는지 예의 주시하며 기대를 걸게 된다. 그것은 각기의 그릇에 채워진 내용물을 주목하는 까닭이다. 그 내용물에는 글을 글답게 하는 미학이 들어있다.

등단 5년 만에 첫 수필집을 엮게 된 이순금 수필가는 습작기부터 헤아리면 그 시간이 결코 녹록지 않다. 환갑을 지낸 나이이니 살아온 연륜도 원숙의 단계에 이르렀다고 볼 수 있다. 인생 안정기라고 해야 옳을 것이다. 이 시점에서 그의 수필문학 세계를 짚어나가려 한다.

위트로 접근하는 사색의 의미망

사람을 이해하려면 그와 관련된 시대적 지형적 배경을 따라가 보란 말이 있는데, 그는 충청도 온양을 배경으로 성장했다. 그런 연유인지 그의 수필에서는 잊혀가는 마을꾼들의 이야기였음직한 소재가 종종 등장해 흡인작용을 한다. 그 두런두런 펼치는 이야기를 따라가다 보면 어느새 밤이 이울고 날이 밝아올 것 같다. 그럴 즈음이면 얽히고설킨 삶의 꾸리들이 시나브로 풀리는 것을 알 수 있다. 이는 우리들의 가슴속에 품고 있는 토속적 향수 때문이리라.

다음은 농촌의 봄철 정경이 물씬 묻어나는 재미있는 글이다. 문학의 요건 중에 필요한 반전의 묘미가 한껏 살아있다.

동이 트자마자 어머니는 논으로 나가셨다. 다랑이마다 물꼬 단속을 하고 한 배미라도 더 물을 가두려고 분주했다. 햇살이 엷게 비치자 이웃사람들의 모습도 같이 바쁘게 움직였다. 물을 머금은 다랑논들은 밤사이 푸릇푸릇 물풀들을 살려내어 품고 있었다. 그런데 어머니는 낮은 쪽에 있는 못자리 논에서 큰 소리로 사람들을 불렀다. 나도 부리나케 뛰어갔다. 어제까지 연둣빛이 아른거리던 못자리판은 엉망이 되어 있었다. 죽~ 죽~ 사방으로 밀고 다닌 자국에다 볍씨는 뿌리가 내리기도 전에 부초의 신세가 되어 물 위로 둥둥 떠다녔다. 밤사이 무슨 일이 있었는지 아직도 흙탕물이 덜 가라앉았다. 사람마다 범인을 추리하며 말을 하고 있었다.

"이집 못자리가 싹도 잘 트고 농사가 잘 되니까 누가 샘을 부렸나봐유…."

상상의 비약이 절정에 이를 때 나는 흙탕물 속에서 반짝이며 움직이는 눈망울을 보았다. 그리고 그 옆에, 또 옆에 두 눈을 끔벅이며 몸을 꿈틀대는 놈들이 있었다. 자세히 살펴보니 등위에 올라 앉아 짝짓기를 하기도 하고 물속에 몸을 숨긴 채 망을 보기도 했다. 온 동네 개구리들이 이곳에 모여 밤을 새워 짝을 부르고 사랑의 춤을 추고 놀다가, 아침 해가 뜨자 잠시 물속에서 쉬는 듯 했다. 밤새 평화롭게 불러대던 그 '개굴가'의 무대가 우리 집 못자리판이라니 기가 막혔다.

—<개구리의 신방> 中에서

논농사의 밑천인 못자리판을 그리 만들었으니 얼마나 기가 찼을까. 한데 범인이 개구리란다. 그것도 사랑가를 부르며 종족 번식을 위해 사력을 다한 그놈들이란다. 여기서 예상 밖의 위트가 독자를 사로잡는다. 아마 일을 낸 자가 사람이었더라면 원성이 하늘에 닿았을 터인데 기껏 개구리라는데 어쩌겠는가. 더구나 작가의 어머니는 가정경제를 도맡다시피 하여 여장부 기질이 탁월했던 바, 그대로 묘사된 입담을 통해 우리는 재차 웃게 된다. 아울러 논이 품고 있는 희망을 엿보게 된다. 이는 작가의 의도에 의한 구성 덕이다.

어머니는 한참 동안이나 말을 잊은 채 망연해 하였다. 그리고 체념한 듯 한마디 뱉으셨다.

"참, 고놈들도 풍수쟁이를 따라다녔나 벼. 워~찌 명당자리는 알아가지고서 내 논에까지 와 신방을 차리고 지랄들여! 올핸 새끼는 원 없이 치것구먼. 니들도 어젯밤에 지은 죄가 있으니 똥은 반드시 내 논에 와서 싸거라. 알것냐?"

하고는 논둑에 힘없이 주저앉았다. 그해 논농사는, 모자라는 모를 이집 저집 동냥을 해다 심었다.

—<개구리의 신방> 中에서

<녹색의 합창>은 봄철 쑥떡 반죽을 하며 상상의 나래를 펼친 글이다. 갈아 놓은 쑥을 양푼에 붓고 그 위에 얼개미로 쌀가루를 쳐서 내려놓았단다. 거기서부터 일은 비롯되는데, 형상화가 잘 이뤄진 글이라 대폭 인용한다.

수북이 쌓인 흰 가루를 무심코 손으로 툭 건드려 본다. 그러자 온 천지가 눈에 덮였다. 일순 풀 한 포기 나무 한 그루 보이지 않는 하얀 세상이다. 높은 곳은 산이 되고 낮은 곳은 들이 되었다. 생명체라고는 찾을 수 없는 태초의 신비가 서려 있다. 아무도 손대지 않은 하얀 빙하기가 존재한다. 한 번 더 손을 대고 휙 저어본다. 좀 전보다 더 많은 산이 생겨났다.

물주전자를 들고 산꼭대기에다 줄줄 부어본다. 물은 골짜기를 타고 흘러내려 시내가 되고 강이 되고 낮은 곳으로 모여 바다가 되려 한다. 아직 추운 빙하의 시대가 계속되고 있다. 물이 지나간 자리는 금방 얼어붙는 듯 흐름을 방해하고 있다. 바라보는 체감 온도는 영하 50도쯤 되어 보인다. 나는 제일 높은 설산 속으로 오른손을 푹 넣었다. 손이 금방 얼어버릴 것 같은 두려움이 스친다. 허나 손끝에 잡히는 동토의 속살은 말캉하고 부드러웠다. 한 움큼을 쥐고 잡아당겨서 바라본다. 녹색이다. 그 속에 생명이 숨어 있다.

하얀 설원에 생명의 색을 골고루 뿌려본다. 풀과 나무들은 살기 좋은 평지를 골라 자리를 잡아주기도 하고 백두산 꼭대기에 낙락장송을 심어 보기도 한다. 아름다운 알프스의 푸름도 만들어 보고, 남극의 하얀 빙산들은 그냥 두어보기도 한다. 제일 높은 설산의 봉우리를 주먹으로 꾹 눌러서 호수를 만들고 녹색의 물을 채워본다. 아무도 본 적 없는 설산의 짙푸른 호수를 나 홀로 바라보고 있다. 눈이 부시고 코끝이 시려 온다. 서서히 얼어붙었던 지구가 푸른 봄을 맞고 있다. 아직은 곳곳에 만년설이 남아 있지만 오래잖아 푸르러질 것이다.

나는 다시 열 손가락으로 중앙의 대륙을 뒤집어본다. 두 손을 부지런히 움직이며 힘을 가한다. 지금 나는 지구를 주무르고 있다. 설산도, 푸른 평원도, 오대양 육대주가 내 손아귀에 들었다. 빙하의 얼음을 녹여내어 녹색의 덩어리를 만들고 있다. 전체가 고루고루 섞이는 행복한 녹색의 세상을 꿈꾸며. 빈부와 인종의 대립과 재난의 각기 다른 색깔들을 한데 버무려서 오직 녹색으로 만들려 한다. 딱딱하게 뭉치지 않고 얼룩얼룩 소외된 곳 없이 정성을 다해 주무르고 있다. 지구에 물이 모자라도 흠이요, 넘쳐도 흠인 것처럼 물 관리를 적당히 해가면서…. 마침내 둥근 모습의 큰 덩어리가 만들어졌다.

—<녹색의 합창> 中에서

이 글을 읽고 나면 여인네들이란 일상 속에서 지혜를 얻는 데 명수라는 것을 실감한다. 작가는 동글납작하게 만든 쑥개떡을 찌며 투명한 뚜껑을 통해 익어가는 과정을 들여다본다. 서먹서먹하게 모여서 녹색이라는 합일을 어렵게 이룬 재료들이 열을 가하자 점점 끈기 있게 뭉치는데, 감내堪耐의 시간이 흘러간다고 표현하며 함께 힘을 모아야 새롭게 변할 수 있음을 터득하고 있는 듯하다고 의미화한다. 그러면서 거기엔 어떤 차별이나 이색은 존재하지 않고 오직 하나가 되어 녹색의 찬가를 부르고 있더라는 인정을 보여준다. 지극히 일상적인 소재에서 사람과 사람 사이는 물론 오대양 육대주까지 화해와 화합으로 버무려내는 솜씨가 신선하다.

글을 쓰는 사람은 정신적 순환을 즐기는 사람이다. 이 순환을 알아차리는 사람은 그만큼 작품세계도 풍부하다고 볼 수 있다. 다음 글은 이순금 수필가의 정신적 경계가 어디인지 가늠해보게 하는 글이다. 베를 짜던 여인 필녀와 연관된 약수터를 찾아가 뜻밖의 신비를 체험하는데, 계곡에 흐르는 물에서 영험성과 성스러운 느낌을 피할 수가 없다고 고백한다. 하물며 유년에 그린 그림 속 풍경과 닮아있었다고 속삭인다.

계곡의 물은 산 위쪽으로 갈수록 맑아진다. 자연 그대로의 물. 이끼가 돌을 덮고, 주변 바위엔 물보라 그치지 않아 푸른 옷을 껴입고 사는 곳. 봄이면 산배꽃이 물 위를 수놓고 가을이면 붉은 단풍잎이 멈칫멈칫 노를 젓는 곳. 여름이면 개복숭아나무가 열매 다복한 가지 하나 유수流水에 던져놓고, 구름도 불러보고 바람도 붙잡는 곳. 겨울 오면 석경石鏡처럼 오장육부 내놓고서 천지간에 고해성사할 것 없다고 외치는 곳. 이런 계곡을 찾아와서 나는 지금 꿈을 꾸듯 말을 걸고 있다.

다시 물줄기를 옆에 끼고 시원한 길을 내려온다. 나는 영락없는 산골사람인가 보다. 어렸을 때 기억이 떠오른다. 단발머리 중학생 시절에 도화지에 연필로 몰두해서 무엇을 그린 적이 있었다. 내가 미래에 꿈꾸는 집이었다. 푸른 솔밭에 맑은 물이 흐르는 평평한 곳에 입구口 자 모양의 기와집을 그렸다. 그리고 각 방향에 봄, 여름, 가을, 겨울의 정원을 그렸다. 나지막한 툇마루를 다 돌려서 짜 넣고 사방으로 출입문을 두었다. 마지막엔 낮은 담장을 두르고 기와를 위에 얹었다. 이 그림은 인도 가비라국의 실달태자의 <사시전四時殿>을 상상하며 축소해서 그린 것이었다.

그런데 지금껏 살아오면서 그와 흡사한 장소를 만나지 못했고 그런 집을 마련하지도 못했다. 필례 약수를 뒤로 하고 내려오는 길에 무심코 주변을 둘러보다가 낯익은 풍경에 흠칫했다. 잠시 후에 그 이유를 알아냈다. 자연은 흡사한데 건물이 다르고 정원이 달랐다. 이건 나만의 비밀이었고 내 어릴 적 꿈의 편린

片鱗이었다.

—<필례 계곡> 中에서

누구나 위와 같은 체험을 한 바 있을 것이다. 그럴 때 자신도 모르게 전율이 일어나리라. 필자는 이 글을 읽으면서 작가 한 사람이 도달할 수 있는 정신적 세계의 절정을 보았다. 그 기점은 타인이 허투루 넘볼 수 없는 지극히 고유의 또 하나의 우주다.

나는 지금 이 자리에 서 있습니다. 우주의 수만억 국토 중에서 그대와 나는 사바의 작은 골짜기에서 오늘 만났습니다. 모든 말이 그대의 미소 앞에서 사라져 버렸습니다. 아니 의미가 없어졌습니다.

뜨겁던 한낮의 열기도 산그늘에 밀려 뒷걸음치는 저녁 무렵, 나는 돌계단을 하나씩 밟으며 내려갑니다. 그대의 표정을 닮아 보려고 입꼬리를 올려서 다물어보고 눈을 깜빡거리며 웃어도 봅니다. 그 표정이 하루 이틀 아니 셀 수 없이 많은 생을 수행하며 갈고 닦은 선물이라는 것을 기억합니다. 그대가 말씀하신 오백 전생의 인행담忍行談들을 생각나는 대로 떠올려 봅니다. 축생으로 선인으로 인간으로 윤회하며 몸을 바치되 '나'라는 상을 버렸던 그대였지요. 내가 지금 내려가고 있는 계단처럼 한 걸음 한 걸음 앞으로 내딛으며 그대는, 갠지스 강가의 모래알 같은 세월을 한 가지 소원만 안고 달려갔었지요.

—<그대에게 부치는 편지> 中에서

서산 마애 삼존불을 친견하고 쓴 서간체 수필이다. 그는 불심이 깊은 작가다. 이는 오래전 어머니 뱃속에서부터 형성된 그의 기운이라고 본다. 동자승으로 출가해 전국의 사찰 곳곳에 탱화 흔적을 남긴 분이 바로 그의 아버지 아니던가. 이쯤 되면 이순금 수필가가 접근하는 중용의 미학이 어디서 기인되었는지 충분히 짐작할만 하다. 그렇긴 해도 '부처님'을 어떻게 '그대'라 칭할 생각을 했을까. 이 엉뚱함 또한 초월이라 미소 지을 수밖에. 고정관념 깨뜨리기의 전범이다.

수양버들이 연못가에서 긴 머리를 풀어 감고 있는 궁남지를 따라 천천히 발을 옮긴다. 남부여의 무왕이 만든 우리나라 최고最古의 인공연못이다. 오랜 세월만큼이나 역사 속에서 얽힌 얘기도 많고 버드나무와 연蓮의 마른 꽃대도 많다. 연못 가운데로 다리가 놓여있고 그 다리를 따라 바라보니 포룡정이란 정자가 그림처럼 서 있다. 주변 풍광이 아름다우니 몸도 마음도 쉬어가기 안성맞춤이다.<중략>

그늘, 벤치에 앉아 잠시 두 눈을 감는다. 환한 달빛 속 버들가지 사이로 얼핏 스치는 것이 있다. 검은 머리 길게 묶어 내리고 야윈 듯 흰 얼굴에 소박한 남부여의 여인이다. 그때는 작은 방죽이었을 이곳에서 달빛을 따라 홀로 거닌다. 다리도 쉴 겸 그녀는 버드나무에 기대서서 그달을 보며 수줍게 웃고 있다.

그 무렵 잠 못 드는 사람이 하나 있었다. 보름달이 유죄라고 울부짖는 용을 닮은 남자가 이 방죽을 주시하고 있었다. 긴 머리의 여인은 그의 영토를 밟은 힘 없는 사슴 한 마리였다. 그녀는 힘센 남자의 아이를 가졌고 열 달 후엔 아들을 낳았다. 평범하지 않은 남자와의 인연, 아이를 혼자서 키워내야 하는 고통이 그녀의 마음을 아프게 했을 것이다.

—<방죽 가에 살던 여인> 中에서

백제가 낳은 서동의 어머니를 다루는 데 있어 작가의 시선은 여인에게서 떨어지지 않는다. 마를 심어 생계를 유지했다는 장璋 모자에게로 연민이 실린다. 따라서 이 시대 만연한 사회상을 풍자한다. 훗날 그녀의 아들이 왕위 계승자로 책봉되지 않았다면 그림자도 없이 사라졌을 여인이라고 방죽 가에 살던 여인을 품어버린다. 넉넉한 인정이 배어난 작품이다.

천 년의 세월로 날줄을 삼고 흥망과 성쇠로 씨줄을 삼아 짠 옷을 우리는 입고 살고 있다. 지금 이곳에 모여 슬픔과 기쁨을 같이 느끼고 있다. 선조들의 허와 실을 물 위에 비춰보면서.

—<방죽 가에 살던 여인> 中에서

키 작은 접시꽃 사촌 라파테라. 그 키의 한계는 어디까지일까. 자리를 잡는 대로 거름을 듬뿍 주어보면 어떨까. 그러면 좀 더 클 수 있지 않을까. 사람은 있는 그대로의 모습에서 만족을 찾아야 마음이 편하다. 작으면 작은 대로 크면 큰 대로 다 매력이 있다. 헌데 사람의 생각은 한 곳에 머무르지를 않는다. 무엇이든 새로 만들어 내려 하고 변화를 추구한다.

성형 미인 라파테라. 그 꽃은 우리 땅에서 뿌리를 내리고 분명히 종족을 퍼트려 갈 것이다. 좋은 토양에서는 처음 모습보다 더 아름답고 성숙해질 수도 있다. 사람이 자연의 섭리를 약간씩 바꿀 수 있듯이 자연도 사람의 계산을 조금씩 틀리게 할 수도 있지 않겠는가.

—<성형미인 라파테라> 中에서

사람마다 추구하는 이상이 있고, 그 바람이 또 다른 신종을 만들어낸다. 키 작은 접시꽃 사촌이라는 라파테라를 보며 사람들의 지나친 추구를 살짝 비튼다. 작가가 할 일은 거기까지이다. 나머지는 독자들 몫으로 돌려둔다.

세상에는 많은 종류의 그물이 있다. 그물이란 상대를 구속하는 도구가 되기도 하고, 또 어떤 경우에는 상대를 보호하는 도구가 되기도 한다. 살아있는 것들은 저마다의 그물을 가지고 있다. 어떤 형태로든 먹이를 위해 어느 곳에든 펼쳐놓고 있다. 시장에도 빌딩 숲에도 가는 곳마다 누군가의 그물이 있다.

하늘에는 인드라망이라는 그물이 있다. 도리천 하늘을 덮은 그물인데 그물의 매듭마다 수정 구슬이 달려있다. 그 구슬마다 모든 세계가 다 비추인다고 한다. 세상의 물질이나 생명이 다 연결고리로 이어져 있다고 할 수 있다. 석류나무 사이의 작은 거미집에도 한로寒露가 지나면 영롱한 이슬이 맺힐 것이다. 하늘의 인드라망처럼 유리구슬이 송송 매달리면 그 속에 또 다른 모습들이 분명 들어가서 비치게 될 것이다.

—<그물> 中에서

석류나무 가지 사이의 쌀알만 한 몸집이라고 표현한 거미의 행위를 지켜보고 쓴 글이다. 거미의 십자문 그물에서 시작해 하늘의 인드라망에까지 접근한다. 이는 의식이 무한대로 열려 있다는 반증이기도 하다. 이어서 그는 어부가 던지는 그물엔 물고기가 잡히는데, 생존관계에서 치는 그물은 무엇을 막아내기 위한 그물이 있고 무엇을 얻기 위한 그물도 있다고 술회한다. 자신은 물론이고 무심코 지나칠 수 있는 주변의 수많은 그물에 대해 의문을 던져준다. 문학의 효율성이 여실히 드러난 작품이다.

처음 나무바가지를 받았을 때 기뻐하던 막내 동서의 따스한 마음까지 나눠 가져서일까. 폭 퍼져 있는 바가지를 보면 오랜 친구처럼 정이 가고, 푸르던 죽령이 떠오른다.

해마다 벌초 때면 거를 수 없는 연례행사. 남편과 시동생들과 봉화를 오가던 이 고갯길은 충북 단양에서 경북 영주로 넘어가는 문턱이다. 옛날 영남 선비들이 청운의 꿈을 안고 괴나리봇짐을 메고 한양을 향해 여길 넘어갔으리라. 수없는 세월, 헤아릴 수 없는 사람들이 저마다의 사연을 안고 오고 갔던 고갯길에 '죽지랑'에 대한 이야기가 전해 온다. 한 번 만나서 의기가 투합되고, 서로 존경하고, 죽은 뒤에도 잊지 못해 상대방의 아들로 다시 환생한다. 그 이름을 '죽지'라 했고, 훗날 아름다운 화랑이 되어 신라인의 가슴에 피는 꽃이 되었다.

눈을 감고 고개 위로 더듬어 올라가 본다. 구름 멈춰선 죽령의 푸른 산봉우리 위로 죽지를 그리는 화랑 '득오'의 맑은 목소리가 들리는 듯하다.

—<죽령> 中에서

사람이 나무공예품에서 편안함을 느끼는 것은 자연이 주는 있는 그대로의 멋에서 기인하는 것이라 한다. 나무의 나이테를 빌려 동서 간의 원만한 여정을 다짐하는 모습이 아름답다. 푸르던 죽령이라 함은 인생의 푸르던 고개 아니겠는가.

그의 글은 절대 가볍지 않고 무겁지도 않다. 어떠한 소재든 진지하게 다가가 섬세히 풀어내는데, 그 과정에서 위트가 번뜩

이고 어린아이 같은 순수로 웃음을 자아내기도 한다. 전체 44편 중 1부에서 다루는 작품 아홉 편은 대체로 고운 서정과 깊은 사유가 어우러져 독특한 개성을 보여준다.

사회를 향한 풍자와 내면 들여다보기

죄인은 눈을 가린 채 형장으로 끌려 나온다. 장작을 둥글게 쌓고 그 위에 큰 무쇠 솥을 걸어 놓는다. 집행관은 죄목을 소상히 읽어주고 팽 형烹 刑을 시작한다. 죄인은 웃옷을 벗긴 채 무쇠 솥에 넣은 뒤 뚜껑을 덮고 장작더미에 불을 붙이는 시늉을 한다.

가마솥 안에서 죄인은 어떤 생각을 했을까. 뜨겁지 않은 솥 안의 온도는 그에겐 펄펄 끓는 물 속보다도 더 참담하지 않았을까. 짧은 시간에 생生과 사死를 눈 뜨고 체험함이 아닌가. 스스로 허물을 반성하고 죄를 인정하여 목숨을 내놓을 각오라면 그는 앞으로 죽은 듯이 살아도 감사할 것이다.

> 솥에서 꺼내진 죄인은 죽은 척하라는 명을 받고 시체가 된다. 염습을 하고 관에 들어가서 상여를 타고 집으로 간다. 죄인은 집안에서 숨을 쉬는 송장처럼 살아야 한다. 울타리 안에서의 제한된 삶이 오히려 관대하게 느껴질 것이다. 가마솥 안에서 끝난 명줄을 다시 이어가고 있지 않은가.

죄인이 자식을 낳으면 아비 없는 과부의 자식으로 대접을 해 주었다. 조선시대의 여러 가지 형벌 중에서 부정한 관리에게만 행하였던 이 형벌은 어떤 측면에서는 장난같다는 생각도 들지만 명예를 중시하던 사회에서는 모든 것을 잃는 수치스런 일이 아닌가 싶다.

—<팽 형烹 刑>

윗글에서 작가는 차마 입에 올리기조차 섬뜩한 일을 상상한다. '삶다', '익히다'의 뜻에 벌을 가하니 어떠하겠는가. 그것도 부정한 관리들에게만 내려졌던 형벌을 거론하며, 명예를 중시하던 사회상과 맞물려 구겨진 체면을 염려한다.

삶는 빨래통에 왱왱거리던 파리 한 마리가 걸려드는 것에서 착안한 글인데, 그 발상이 놀랍고 깜찍하다. 그러면서 의미 확장을 하여 만약 끓는 물에 죄인을 넣는 팽 형이 있다면 어떨까 하고 접근한다. 현대에서는 세상이 발칵 뒤집힐 일이지만 실제로 조선시대의 대표 법전인 《경국대전》에는 팽 형이라는 형벌 얘기가 나온다지 않는가. 일반 백성들에게 내려진 것이 아니라 탐관오리를 벌주기 위한 공개 형이었다는데서 해학미가 흐른다. 따라서 이 시대 뇌물수수로 거론되는 사람들에게 일침을 가하고 있다. 비판의식이 깔려있되 해학과 풍자로 돌려댄 솜씨가 수작秀作이다.

우리는 마음속에 어떤 모양의 집을 짓고 살아갈까. 각양각색의 보금자리들이 한없이 줄지어 있으리라. 도심에선 호텔 같은 아파트가 위용을 뽐낸다. 추녀 끝이 날렵한 한옥도 아름답다. 그런 집도 좋겠지만 모든 욕심 내려놓을 작은 토굴 하나 가슴에 품어 보면 어떨까.

세상 살아가다 힘이 들 때 모든 것 잠시 내려놓고 그곳에서 쉬어보면 좋지 않을까. 가끔은 은근히 오래 타는 장작불도 한 아름 지펴놓고 내 마음에 훈기를 가득 채워 보면서. 작은 것을 소중히 볼 줄 아는 마음을 찾고, 지나친 욕심을 자제하는 힘을 길러보면 참 좋겠다. 지금까지 살아오면서 철없는 낭비는 없었는지 의식주에 과분한 무리는 없었는지 뒤를 돌아보게 된다.

—<토굴> 中에서

장작불도 조금이 아닌 한 아름을 지펴 마음에 훈기를 가득 채우려면 우리는 어떻게 해야 할까. 그것도 은근히 오래 타는 장작이라야 한다. 작은 것을 크게 보고 지나친 욕심을 자제하는 힘을 길러보면 좋겠다고 작가는 실로 큰 욕심을 부린다. 어느 한쪽으로 기울지 않게 정신을 가무려가면서도, 그래도 성에 차지 않아 중용을 탐한다. 오지에 있는 지기의 토굴에 다녀오며 돌아보는 마음자리이다. 이순금 수필가가 자신의 내면을 들여다보며 읊조리는 글을 통해 우리는 자신을 돌아보게 된다.

이는 '나'를 통한 공감대 형성에 성공하고 있는 보기이다.

다음 글은 강원도 청평사에 다녀오고 쓴 글인데, 사랑에 있어 인간과 미물의 경계를 넘나든다. 상사뱀에 얽힌 전설을 모티브로 하여 불교의 윤회사상에 이른다. 보편적으로 생각한다면 지독하게 달라붙어 칭칭 감고 있는 사랑의 구속을 하루속히 떨쳐야겠다는 쪽으로 기울 수 있으나, 작가는 현세를 나타내는 육신의 탈을 벗어던지고 원초적으로 이해하려 한다. 하여 근원적 해결법은 사랑의 이해라고 돌려 말한다. 무엇보다도 불심이 깊은 평양 공주이고 보니 징그러운 몸을 한 뱀에게조차 초월적 사랑으로 해탈을 기원한 게 아닐까 하고 헤아린다. 그러니 이순금 수필가, 이 이가 바로 보살도를 이룬 위치에 있는 것을.

짝사랑의 피해자 평양 공주도 전설에서 살펴보면, 상사뱀과의 동거에서 그를 핍박했다거나 인위적으로 떼어놓을 방법을 끝까지 동원하지 않은 듯했다. 어쩌면 처음에는 황당했지만 점차 운명적으로 받아들이고 수용했던 건 아닐까. 함께 데리고 다니고 먹고 자며 상사뱀을 측은지심으로 대했을지도 모른다. 미움과 원망과 두려움이 사라지고 모성의 자애로움으로 상사뱀을 돌보았을지 누가 아는가.

공주가 구송폭포에서 목욕을 하고 청평사로 불공을 드리러 갈 때도 상사뱀에게 잠시 기다려 달라 했고, 이를 뱀이 승낙을 한 것은 둘 사이에 믿음이란 것이 존재했던 것일 게다. 공주는 오랜 고통과 시련을 통해 이미 상사뱀을 용서하고 나름대로 높은 인욕의 세계를 터득하지 않았을까 싶다. 즉 경계에 걸림이 없는 경지를 말이다. 어쩌면 상사뱀을 불쌍히 여겨 그의 해탈을 부탁하러 청평사 부처님께 올라가지는 않았을까.

—<男과 女, 그 사랑의 고리> 中에서

그런가 하면 <바람도 안 부는데 살랑살랑>이나 <가장 예쁜 추억의 옷>에서는 아주 어린아이 같은 속내를 여실히 보여준다. 초등학교 시절, 넷이서 편을 갈라 고무줄놀이를 했는데 친구와 부르던 노래 중에 너무 과격한 표현의 가사가 있었다고 반성한다. 엄밀히 따져보면 자신이 지어 부른 것은 아니지 않은가. 그런데도 돌아보니 내용이 너무 가슴 아프다고 한다.

빨간 납작깽이 언니가 전차에 갈려서 납작 쿵
그의 아버지가 나와서 땅을 두드리며 운~다.
멍멍 멍텅구리 왜 울어 바람도 안 부는데 살랑살랑.

—<바람도 안 부는데 살랑살랑> 中에서

작가의 나이가 있으니, 반 세기 전의 시골 풍경이다. 전쟁의 상흔이 아직 남아 있을 때다. 자식이 아파도 병원진료를 제대로 받지 못하던 어려웠던 생활상을 우리가 어찌 외면하랴. 그 무렵의 시대상이 빚어낸 비극을 노래 구절에서 유추해내는 심성이 듬직하다. 사고였지 싶은데 그 노랫말을 신 나게 부르며 깡충깡충 뛰었을 작가를 떠올리며 미소가 고이니 이를 또 어쩌나. 작가는 그때를 회상하며 노랫말 속의 아버지 심정으로 재해석한다.

마침내 장날 아침 눈을 뜨자마자 문을 박차고 마루로 나왔더니 앞마당이나 지붕이 온통 하얗다. 하늘에선 주먹만 한 눈송이가 펑펑 쏟아진다. 어머니가 한마디 하신다. "오늘은 일요일이라 너를 데리고 장 구경을 갈까 했는데 아무래도 눈이 많이 쌓여서 길이 막힐 것이니 가기가 힘들겠구나."

그때의 실망감이라니…. 그날은 너무 속이 상해 쪼그리고 앉아서 온종일 눈이 그치기만 기다리다가 하루해를 보냈다.

또 닷새가 지나고, 어머니가 장을 봐 온 보따리를 풀어 놓으셨다. 나는 급한 마음에 뒤적거려 보았지만 빨강 잠바는 어디에도 보이지 않았다. 어머니는 내 이름을 부른 뒤 이것이 더 예쁘지 않으냐며 두툼한 파란색 스웨터를 내놓고 입어보라 하였다. 오늘 장에는 아무리 봐도 빨강 잠바가 없어서 이걸 사왔다고 했다. 나는 부풀어 오른 입을 풀지 못한 채 그날 잠자리에 들었다.

다음날 시무룩한 얼굴로 파랑 스웨터를 입고 학교에 갔다. 교실에 들어서니 내 뒤에 앉는 선주가 예의 그 잠바를 입고 왔다. 어제 장에서 엄마가 사왔단다. 나도 모르게 심술보가 꿈틀했다.

"너는 그게 뭐니? 빨간색이 너한테는 어울리지도 않는다. 얘. 꼭 뭐하고 같다. 흥!"

선주도 화가 나서 같이 대들었다. 둘이 말싸움을 하다가 앞으로는 너랑 말 안 한다며 서로 토라져 버렸다. 교실이나 복도에서 만나도 서로 얼굴을 돌리고 모른 척했다.<중략>

어린 시절, 특별히 모양이 예쁘진 않았지만 솜이 두툼하고 겉감이 앏았던 빨간색의 나일론 잠바는 이제 시장에서 찾아볼 수가 없다. 요즘 아이들이라면 그리 좋아하지 않을 것이다. 허리선이 두루뭉술하게 생겼기 때문이다. 그래도 내 기억 속에는 몹시 입고 싶었던 가장 예쁜 추억의 옷으로 남아 있다.

—<가장 예쁜 추억의 옷> 中에서

원고지 15매 내외의 미니동화로 보아도 무방한 글이다. 서울에서 회사 다닌다는 아버지를 둔 숙이가 있었단다. 그 애는 동백꽃처럼 빨간색 나일론 잠바를 입고 학교에 왔단다. 그걸 보고 엄마한테 조르니 다음 장날에 꼭 사다 주마고 약속을 했단다. 닷새마다 서는 온양 장날을 손꼽았는데, 쌀이나 잡곡을 내다 팔아 빨간색 잠바를 사오길 그토록 기다렸는데, 뜻대로 되지 않자 애꿎은 친구에게 심통을 부리는 동심의 동선을 간결하게 나타냈다. 이러한 글은 지적 사유로 무게가 실릴 수 있는 수필집 속에서 쉬어가는 간이의자 구실을 한다.

드르륵드르륵 돌아가는 소리만 들어도 그 속에서 갈리고 있는 곡식의 종류를 짐작할 수가 있다. 단단한 날팥이나 녹두를 탈 때에는 소리가 크고 요란하기 이를 데가 없다. 반면에 볶은 쌀이나 밀, 수수를 곱게 갈아낼 때는 소리가 온화하다. 거칠게 뱉어낼 때는 한 주먹씩 아가리에 붓는다. 고운 가루를 만들어야 할 때는 밭에 배추씨 뿌리듯이 살짝살짝 넣었다. 그렇게 완급緩急을 조절해 가며 오름실댁 그녀는 맷돌을 잘도 다뤘다. 볶은 콩을 쪼개서 거피를 할 때면 그것들은 툴툴거리며 깨진 쪼가리들을 사방으로 뱉어냈다. 마치 화난 사람이 분풀이하듯이. 반대로 고운 가루를 갈아낼 때는 사뿐사뿐 유순하게도 돌아간다. 무대 위에서 춤을 추는 발레리나의 느린 회전동작처럼 말이다.<중략>

그러나 오름실댁은 맷돌 자루를 손안에서 자유롭게 했다. 숨이 막히게 꽉 잡지도 않았고 팔에 별로 힘을 넣지도 않았다. 돌이 돌아가는 속도에 한 번씩 채찍질할 뿐이었다. 맷돌의 움직임을 훤히 알고 있었고 그 운동과 혼연일체가 되어 즐기고 있는 듯이 보였다. 그 무거운 돌을 천하장사처럼 여유 있게 다루고 있었다. 늘 부지런하여 걸음마다 바람 소리가 났던 그녀가 맷돌 앞에만 앉으면 그렇게 침착할 수가 없었다.

—<맷돌> 中에서

잊혀가는 생활도구 맷돌을 다루는데 어머니가 등장한다. 3인칭 기법으로 객관화시켜 모녀간에 거리를 두는 특징을 보여준다. 이쯤에서 이순금 수필가의 역량을 읽게 된다. 구성에 있어서나 형식에서나 거리낌이 없다.

다음으로 다루는 수필 세 편은 공교롭게도 대상에 빗대어 내면을 반영한다. <바람골 겨울나무>, <연꽃향기>, <양귀비꽃>에서 사람들의 삶을 이끌어낸다. 현자의 모습이었다가 가족 간의 사랑을 품은 연꽃이었다가 열정적 모습을 띠는 양귀비꽃이었다가 하는 작품에서 절제미를 확인하게 된다.

세 갈래길 바람골에는 어떤 바람이든 늘 불어와 이름값을 한다.<중략>

겨울나무들은 침묵으로 말을 하고 있다. 잠을 자는 것도 아니고 게으른 것도 아니다. 부지런히 움직이고 있다. 지나간 계절, 푸르게 혹은 붉게 자신을 치장했던 과거들을 훌훌 벗어던지고 가장 진솔하게 말없이 수다를 떨고 있다. 일 년에 한 번 겨울만이라도 솔직한 모습으로 산속의 친구들에게 마음을 연다. 허공에도 귀를 열고 날아든 박새에게도 다정한 인사를 한다. 사람도 목욕탕에서 만나면 서로 허물이 없듯이, 겨울나무의 순수가 아름답게 느껴진다.<중략>

겨울나무를 바라보고 있으면 담백한 삶을 살아가는 현자의 모습을 보는 듯하다. 모든 집착을 놓아 버려 걸림이 없는 자유인을 보는 듯하다. 속이 단단하면서도 겉으론 드러나지 않으며, 혹한의 시련 앞에서도 흐트러지지 않는다. 분신 같은 잎과 열매를 나눠 주면서도 늘 낯빛이 한결같다. 이웃의 잘못을 나무라지 않으며, 늘 높은 곳을 꿈꾸며 하늘을 본다. 그래서일까, 큰 참나무 밑에 서면 군자의 넉넉한 향기가 풍겨온다. 속이 깊은 사람이 옆에 있으면 보기만 해도 마음 편안해지듯 바람골의 겨울 참나무들이 그렇다.

—<바람골 겨울나무> 中에서

아름다운 향기를 내뿜는 연꽃이 더 사랑받는 이유는 온몸을 고루고루 필요한 자에게 아낌없이 주는 데 있지 않을까. 연잎의 향을 필요로 하는 사람에겐 연잎차와 연엽주가 되어 준다. 연실의 맛을 취하는 자에겐 연자죽이 되어 주고, 연방의 미를 탐하는 꽃 디자이너에겐 그 목을 내어 준다. 내 몸을 다른 이에게 나누어 주는 것보다 더 큰 사랑이 있을까. 내 몸속의 부속들이 내 몸을 떠나 다른 생명을 살릴 수 있다면 죽어도 사는 법이 그것이 아닐까.

—<연꽃 향기> 中에서

그녀를 바라보고 있으면 가슴이 저리다. 붉고 강렬한 눈빛을 감당하기가 벅차다. 주저리주저리 눈물 되어 흘러내리는 그녀의 짧은 생의 통한을, 내 가슴으로 받아 내기가 버겁다. 붉은빛이 망치가 되어 쾅쾅 가슴을 때린다. 숨을 고른 뒤에 시선을 허공으로 돌려본다. 어느 시인이 말했던가. "가까이 다가서면 관능이요, 물러서면 슬픔이라"고. 아름다움도 지나치면 두려움이 되고 고통이 된다.

―<양귀비꽃> 中에서

유년, 그 눈물겨운 가족사

어릴 적에 잔병치레가 많았던 나는 늘 건강한 친구들을 부러워했다. 이제 나의 꿈은 무엇일까? 스스로 물어본다. 물론 가족과 주변의 안녕을 빼놓을 수 없다. 그다음은 꿈속에서 만나는 그 모습이 아닐까. 마음속에 얽혀있는 세월의 거미줄들을 말끔히 걷어내고 고향 냇가에 차돌멩이를 다섯 개 주워서 동그랗게 다듬어 나를 찾는 친구들과 공기놀이를 해보고 싶다. 고운 흙 위에 돌을 던져놓고 공깃돌 풀기, 집기, 품기, 찍기, 꺾기를 다시 해보고 싶다. 반질반질 윤이 나게 길을 들여 소중한 보석처럼 간직하고 싶다.

―<유년의 꿈> 中에서

개개인의 정서는 유년기를 어떻게 보냈는가에 따라 형성된다고 한다. 그때에 이루지 못한 간절했던 일이 있다면 성인이 되어서도 곧잘 잠결에 따라붙는다. 그런데 이순금 수필가가 이따금 그 시절의 꿈을 꾼다고 한다. 유년기는 물론이고 청소년기에 병약하여 겪은 비애 때문이다. 따라 읽으며 가슴 뭉클한 대목이다.

초등학교 4학년 교실 옆에 황토가 흘러내리던 언덕이 있다. 그 아래 양지쪽에서 고무줄놀이를 한다. 단발머리의 어린아이가 되어 팔짝팔짝 뛰어노는 꿈이다. 몸은 예순을 바라보는데 어찌 된 일일까, 빙그레 웃음이 난다. 꿈속에서처럼 몸이 가벼웠으면 좋겠다.

—<유년의 꿈> 中에서

무엇 때문일까. 이렇게 어깨가 상한 이유가 어디 있는 걸까. 지난 시간을 거슬러 오르며 이 핑계 저 핑계를 끌어와 본다. 하루에 청소를 두 번씩 하며 살던 날도 있었다. 젊은 날엔 남편 사업의 뒷바라지를 하며 1인 3역을 하며 보낸 적도 있다. 봉제사奉祭祀를 하며 맏며느리로 살아왔다. 아이들 둘을 키우며 즉석식품을 거의 먹이지 않았다. 허나 그것도 정답이라 할 순 없다. 곰곰이 다른 원인을 찾아본다.

—<핑계 찾기> 中에서

그는 최근 어깨가 원활하지 않아 수술을 했다. 그 참에 병원

신세를 지며 몸이 그렇게 된 핑곗거리를 찾아본다. 한 사람의 개체로 태어나 주어진 노릇에 충실하다 보니 누적된 삶의 부산물이 아닌가. 세상의 핑계란 그런 것들이다. 처한 환경에서 우직하게 사람도리하고 사는 것. 그래서 그 흉터는 아름다운 꽃이요, 훈장이다.

시골의 외딴 기와집 대청에 하얀 모시 바지저고리를 입은 육십 대 노인이 부채를 들고 앉아 있다. 유달리 흰 피부를 지녔다. 갸름한 외모에 마르고 키가 좀 큰 편이다. 농사를 짓는 농부의 모습은 아니다. 초여름 농번기에 식구들이 모두 들에 나가면 빈 집에서 홀로 파적破寂을 하는 모습이다. 그런 모습도 잠깐이다. 바람처럼 훌쩍 떠났다가 계절이 바뀌면 다시 집에 돌아오신다. <중략>

고령高齡의 할머니는 세 살 난 손자를 안고 공주 땅의 영은암을 찾았단다. 무오년 돌림병에 가족을 다 잃고 늙은 할머니는 손자의 명줄을 잇기 위해 절을 찾은 것이다. 큰 절에서 출가의 식을 치르려면 일정한 나이가 되어야 했기에 어린아이는 작은 암자에서 때를 기다리며 보살핌을 받았단다. 그러다가 일곱 살이 되던 해 머리를 깎고 마곡사의 우화 스님을 의지하여 계를 받고 스님이 되었다.<중략>

탱화의 초가 끝나면 채색이 시작된다. 채색의 원료는 돌가루라고 했다. 채색을 잘 흡착시키기 위해 아교를 녹여서 섞는다.

각각의 색은 작은 종지에 나누어 담는다. 넓은 방에서 혼자 엎드린 자세로 왼손에 물감 종지를 들고 오른손으로 붓질을 한다. 그렇게 몰두해 있는 모습을 보면 세상의 시시비비는 아주 잊은 듯했다.

그렇게 탄생한 불화들은 지금은 어느 곳에 봉안되어 있는지 모두 알 수는 없지만 몇 군데서 흔적을 찾을 수가 있었다.

—<금어金魚 용해당> 中에서

어머니가 투병 중일 때 일이다. 늘 큰오빠 내외가 병수발을 들었는데 어쩌다 내가 시간을 내게 되면 어머니를 휠체어에 태워 논둑길로 밭둑길로 돌면서 바람을 쐬어드렸다. 그럴 때면 힘은 약해지셨어도 또랑또랑 맑은 목소리로 하고 싶은 얘기들을 쏟아 내셨다. 당신이 가꾸어 놓고 일했던 농토에 대한 애착은 이미 없었다. 그런데도 꿈을 꾸듯이 뇌이셨다. 만약에 다시 몸이 회복된다면 깊은 산중 맑은 물이 흐르는 곳에 터를 잡고, 감자를 심어 양식 삼으며 조용히 살고 싶다고 했다. 어머니가 금생에서 겪어온 시간 속에서 힘이 들 때마다 진정으로 쉬고 싶었던 세상이 그런 곳이 아니었을까.

—<금어金魚의 아내 오름실댁> 中에서

이 책 끝에 놓인 <금어金魚 용해당>과 <금어金魚의 아내 오름실댁>은 작가의 부모님 이야기이다. 아버지이기 전에 스님으로서 여러 곳에 불교미술의 흔적을 남긴 분의 일대기와, 공주시 신풍면 오름실이란 마을을 친정으로 둔 어머니의 일대기를 축약하여 덧붙이고 있다. 이는 암암리에 내려받은 혈육 간의 소통이며, 딸로서 긴 호흡으로 풀어 젖혀야 하는 한바탕 춤이다.

나가며

이상으로 이순금의 수필 세계를 통해 그의 인간적 면모를 살펴보았다.

일차적으로 수필가 이순금의 성장배경엔 입담 좋은 어머니가 우뚝하다. 생활 일선에서 식솔들을 건사하느라 질곡의 삶을 살아온 우리네들의 보편적인 어머니상이다. 반면, 그 존재 이면에 속세와 적응이 몹시도 어려웠던 아버지가 자리하고 있다. 일생의 반은 산사山寺에 걸치고 반은 속세에 머물며 사념에 잠겼던 화공畵工이 바로 수필가 이순금의 아버지이다. 그렇기에 양친의 영향을 고루 받은 작가는 다소 늦은 감은 있지만 필筆로서 사람살이를 그리는 사람이 되었다. 해학적인 언변은 어머니의 대물림이요, 씨줄과 날줄의 무게 실린 묘사는 몸소 도道를 수행한 아버지의 덕이라고 볼 수 있다.

하지만 그의 글은 젊고 건강하다. 위트로 접근하여 사색의 의미망을 구축하는가 하면, 사회를 향한 풍자가 세련되고 사람의 내면을 들여다볼 땐 더없이 다감하다. 이제 겨우 신인을 면한 입장인데 비해 글의 세계가 이미 중용의 미학을 구축하고 있어 장래가 촉망된다.

첫 수필집 발간을 축하하며, 앞으로 그려나갈 문장에 대해 또 다른 기대를 건다.

이순금 수필집

그물

2014년 3월 25일 초판 인쇄
2014년 3월 30일 초판 발행

지은이 이순금 | 펴낸이 김은영 | 펴낸곳 북 나비
출판신고 2007년 11월 19일 제380-2007-00056호
주소 462-836 경기도 성남시 중원구 광명로 269-7, 201(중앙동)
전화 (02)903-7404, 팩스 02-6280-7442
booknavi@hanmail.net
www.booknavi.co.kr

ISBN 978-89-993682-61-8 03810
값 13,000원